# 教育惩戒的理解与适用

伍贤华　著

九 州 出 版 社
JIUZHOUPRESS

**图书在版编目（CIP）数据**

教育惩戒的理解与适用 / 伍贤华著 . -- 北京：九
州出版社，2021.11

ISBN 978-7-5225-0618-0

Ⅰ .①教… Ⅱ .①伍… Ⅲ .①中小学教育—教育方法
—研究 Ⅳ .① G632.41

中国版本图书馆 CIP 数据核字（2022）第 113469 号

## 教育惩戒的理解与适用

| | | |
|---|---|---|
| 作　　者 | 伍贤华　著 | |
| 责任编辑 | 高美平 | |
| 出版发行 | 九州出版社 | |
| 地　　址 | 北京市西城区阜外大街甲 35 号（100037） | |
| 发行电话 | （010）68992190/3/5/6 | |
| 网　　址 | www.jiuzhoupress.com | |
| 印　　刷 | 北京亚吉飞数码科技有限公司 | |
| 开　　本 | 710 毫米 ×1000 毫米　16 开 | |
| 印　　张 | 10.5 | |
| 字　　数 | 166 千字 | |
| 版　　次 | 2023 年 3 月第 1 版 | |
| 印　　次 | 2023 年 3 月第 1 次印刷 | |
| 书　　号 | ISBN 978-7-5225-0618-0 | |
| 定　　价 | 70.00 元 | |

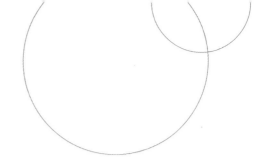

# 前　言

　　2020 年 12 月 23 日,教育部颁布《中小学教育惩戒规则(试行)》(以下简称《规则》)。《规则》于 2021 年 3 月 1 日起实施。

　　可谓历经坎坷,来之不易!

　　笔者认为,教育部能在难忘的 2020 年年末正式出台《规则》并确立"教育惩戒",是时代现实需要与社会高度共识互相碰撞的结果,是法治文明长期浸润与尊师重教历史传承共同孕育的产物,更是中央高度关切与地方立法实践良性互动的结晶!

　　历史不会忘记,2019 年 9 月 24 日,《广东省学校安全条例(草案)》提交广东省十三届人大常委会第十四次会议初审,其最大亮点在于单独设立"学生教育惩戒"专章,首次明确赋予了教师教育惩戒权。该《条例(草案)》明确规定:对中小学生在上课时违反学校安全管理规定的,任课教师可以采取责令站立、慢跑等与其年龄和身心健康相适应的教育措施。

　　按捺不住激动的心情,笔者于 2019 年 9 月 26 日在自己的公众号"贤华律评"上发表题为《维护师道尊严,促进敢管善管,广东立法拟赋予教师教育惩戒权》的原创文章,高度肯定与热情讴歌了"教育惩戒"这一注定载入中国史册的制度创新。全文如下:

　　广东省第一个吃螃蟹的行为,实可谓一石激起千层浪,让"教师教育惩戒权"千呼万唤欲出来。

　　在时下中国,有关教育尤其是是否应当赋予教师教育惩戒权的问题注定成为广受争议的热门话题。

**斯文不可不敬,严管严教出高徒**

　　单说在二三十年前教师惩戒学生仍很普遍和正常,"严师出高徒""严是爱,宽是害"是那个年代所崇尚的教育理念,也是家校达成的广泛共识,因此绝大部分家长十分配合对自家孩子"严管"。正是这种

"严教",为改革开放大业和民族复兴伟业培养了不计其数的优秀人才!

相信与笔者同属70后的人都会有相似记忆,就是我们的父母要求老师从严管教我们,我父母对老师们说得最多的一句话就是:"孩子不听话,就帮我打啰,打了请您吃猪血粑!"(注释:猪血粑俗称"猪血丸子",是湖南邵阳地区的特产,用于招待贵宾的上等佳肴。)

### 独生子女时代,教师无奈舍戒尺

随着独生子女时代的来临,加上人权意识的勃兴,教师无可奈何地放下了象征师道尊严的"戒尺"。于是不敢管与不愿管学生的老师多了,在家长百般呵护下目无师长的"熊孩子"多了,指责学校"惩戒学生"的媒体多了,从此广大教师的"威严"受损,部分学生的"邪气"日盛!

如此情势必然造成管理学生的难度越来越大,家校关系日益紧张,教师合法权益与人格尊严屡遭侵犯,师道尊严岌岌可危!

当然,在教师队伍中确实还存在极少数道德败坏且毫无法治意识的教师,他们以体罚学生为常事,以侮辱学生为乐事,甚至达到违法犯罪的程度,故不可不察。

### 赋予适当惩戒,势在必行正当时

今年以来,笔者带领律师团队为长株潭三市三十余家中小学与幼儿园教师进行了主题为"中小学校(幼儿园)学生人身损害事件的预防和处理"的培训,被广大教师誉为"及时雨"。

在临聘教师占相当份额的当下,类似培训显得尤为重要。

在我们的调研与培训过程中,我们发现被家长投诉的"体罚学生"事件,绝大部分是轻微与可控的,诸如"罚站"之类,如果"教师教育惩戒权"得以确立,则适度的"罚站"完全应有其立足之地,可以成为教师教育孩子以及适度惩戒孩子的重要手段之一。

实践已经证明并将继续证明,如果教师在学生与家长面前噤若寒蝉,如果教师成为任人欺凌的"软柿子",如果学生都是"站不得跑不得"的温室幼苗,那么教师的合法权益与人格尊严必将荡然无存,学生也将成为未历经挫折教育与无规则意识的"废品或次品"。

如此教育大计,已引起最高层之重视,幸甚幸甚!

2019年7月8日,中共中央、国务院发布《关于深化教育教学改革全面提高义务教育质量的意见》,首次明确提出"教师教育惩戒权"这一命题,并要求制定实施细则,以便其现实执行。

当务之急是加快修改《教师法》及相关法律,在法律中赋予教师教育惩戒权,即在规则设计层面上,惩戒权的行使规则必须就具体问题而设置惩戒手段(如分级设置违规行为的具体范围),另外也要考虑学生性别、年龄和认知能力,保证执行规则清晰明确。具体而言包括教育惩戒的内容,学生失范的行为类别,与之对应的教师惩戒行使、惩戒流程,监督教师惩戒的具体程序,监护人就教师惩戒行为的上诉渠道等。而就教育目的而言,教师实施惩戒权则更应关注每个学生的实际情况,尤其是违规行为的发生背景、时间、频次和造成的影响,采用渐进性的惩戒手段(如渐进式训导)来干预学生违规行为[①]。唯有如是,方可让教师敢管、愿管、善管学生,让家长放心交由教师去管,让学生心甘情愿地被管,教育的最终目的才能真正实现。

因此,对教师进行"反对体罚学生与侵犯学生人格尊严"的培训与教育也同样十分重要,努力提升教师法律素养,尽最大可能预防学生人身损害事件的发生,这也是社会的共同期盼。

在我国传统封建社会,私塾先生手中令学生望而生畏的"戒尺",培养了符合封建时代需要的大批优秀人才。与此同时,传统的师道尊严也得到了有效的维护,宋代大儒朱熹在其《朱子家训》中强调"斯文不可不敬",证明了封建社会给予了知识分子特别是教书育人者最起码的礼敬。

现在,《规则》的出台,让"教育惩戒"成为中小学校与广大教师的"及时雨",更让"教育惩戒"这曾饱受争议的新时代"戒尺"开始在法治轨道上运行,这无疑是中国法治与中国教育里程碑式的双重胜利。

作为长沙市雨花区教育局以及全市20余所中小学校的首席法律顾问,笔者同样是在第一时间撰写律评文章《教育惩戒:中小学教育进步与发展的良方,向中国式"小霸王"宣战的利器》,以期让更多的中小学校与教师知道该《规则》的出台以及教育惩戒的确立。

笔者注意到,广大校长与教师们在为此欢欣鼓舞的同时,也普遍表达了深深的担忧:教育惩戒作为法治轨道上的技术活,在法律顾问尚未成为中小学校标配的今天,在教师法律素养普遍偏低的当下,无论是教育行政主管部门还是学校与教师,对此明显准备不足。

准备不足与仓促应战的结果必然是,教师们要么对令人望眼欲穿的"教育惩戒"最终望而却步,要么秉持无知无畏的心态独自狂舞任意胡

---

① 　人民日报官方账号.广东拟立法赋予老师教育惩戒权:"罚站罚跑"不属于体罚.载于人民日报[DB/OL].https://baijiahao.baidu.com/s?id=164561233705 7554378&wfr=spider&for=pc.2019-9-25/2021-7-10.

来,千呼万唤始出来的"教育惩戒"面临严峻的被虚设或异化的风险。

为让更多的学校与教师能最大限度用好教育惩戒这把新时代的"戒尺",为让更多家长能理解并积极参与到教育惩戒这项功在当代利在千秋的大事中来,笔者决定开始撰写《教育惩戒的理解与适用》,以奉献给魂牵梦绕并为之鼓与呼的中国教育事业!

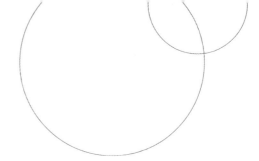

# 目 录

# 第一章　教育惩戒的基本问题

《规则》首次对教育惩戒的概念进行了定义,从该定义可以得知教育惩戒与"管教""体罚"以及"行政惩戒"等概念存在显著区别。此外,教育惩戒所包含的教育、权力、责任与权利等基本属性也同样是理解与掌握教育惩戒这门法治轨道技术活的钥匙。更为重要的是,必须明确教育惩戒具有不可替代的伦理价值,其主要目标绝非"为惩而惩",而是通过对学生违规违纪等错误行为的纠正,以实现培养学生规则意识与责任意识的目标。从更深层次的意义上讲,教育惩戒如能得到广泛与有效实施,将倒逼广大中小学校教师法治素养的普遍提升,这对于法治社会的构建同样是功莫大焉之幸事。

## 第一节　教育惩戒的概念

《规则》第二条第二款规定:

本规则所称教育惩戒,是指学校、教师基于教育目的,对违规违纪学生进行管理、训导或者以规定方式予以矫治,促使学生引以为戒、认识和改正错误的教育行为。

可见,教育惩戒是学校或者教师为达到立德树人的教育目的、避免学生违规违纪行为再次发生,而对其进行程度不一的否定性评价并采取相应措施的一种辅助性教育行为。

需要特别指出的是,该条款当中所指的"学校",是指普通中小学校与中等职业学校,因为高校学生已有《普通高等学校学生管理规定》予以规范,而学前幼儿认知和行为控制能力较低,特殊教育学校学生身心发展存在障碍,都不适宜实施教育惩戒,所以《规则》将教育惩戒的实施范围仅限定在普通中小学校与中等职业学校。[①] 但在实践中,幼师惩戒幼儿的现象仍未禁绝,特殊教育学校的教师惩戒学生的事例也偶见报端,都应引起警觉并予以坚决防治。

由于教育惩戒目前还不是我国教育立法通用的法律概念,在学术研究和未来的立法修改中,该概念与其他相关概念出现混淆的可能性仍然存在,[②] 因此,有必要对《规则》确立的"教育惩戒"概念与相关概念的区别进行探讨。

### 一、教育惩戒与"管教"概念的区别

从字义上分析,教育立法与教育实践当中的管教就是"管理"与"教育"的有机结合,对学生进行管理与教育包括奖励、惩罚措施。

我国相关法律对管教或类似概念进行了明确规定。我国 2020 年修订、自 2021 年 6 月 1 日起实施的《预防未成年人犯罪法》采用完整的"管理教育"概念,该法第三十一条规定:

学校对有不良行为的未成年学生,应当加强管理教育,不得歧视;对拒不改正或者情节严重的,学校可以根据情况予以处分或者采取以下管理教育措施:(一)予以训导;(二)要求遵守特定的行为规范;(三)要求参加特定的专题教育;(四)要求参加校内服务活动;(五)要求接受社会工作者或者其他专业人员的心理辅导和行为干预;(六)其他适当的管理教育措施。

此外,该法同时也采用了"管教"概念,该法第四十三条规定:

对有严重不良行为的未成年人,未成年人的父母或者其他监护人、所在学校无力管教或者管教无效的,可以向教育行政部门提出申请,经专门教育指导委员会评估同意后,由教育行政部门决定送入专门学校接受专门教育。

笔者认为,根据上述法律之规定,管教主要指向的是对学生的负面对待,但同时也应当包括正向对待,即鼓励与肯定等。因此,管教包含负面惩罚与正面奖励两种内涵,但是就"教育惩戒"概念而言,仅仅包括负

① 贺佳雯. 独家解密首部教育惩戒规则制定过程:体育不再作为惩戒方式,家长也不必陪读. 载于南方周末 [J/OL].http://www.infzm.com/contents/198820 2020-12-31/2021-7-11.
② 任海涛."教育惩戒"的概念界定[J].华东师范大学学报(教育科学版),2019, 37(04):142-153.

面惩罚的含义,并不包括鼓励与肯定的含义。由此可见,"管教"或"管理教育"的范围要大于"教育惩戒",二者不可混同。

**二、教育惩戒与"体罚""变相体罚"概念的区别**

众所周知,"体罚"与"变相体罚"被我国多部法律明令禁止。我国《义务教育法》第二十九条规定:

教师应当尊重学生的人格,不得歧视学生,不得对学生实施体罚、变相体罚或者其他侮辱人格尊严的行为,不得侵犯学生合法权益。

我国 2020 年修订、自 2021 年 6 月 1 日起实施的《未成年人保护法》第二十七条也有类似规定:

学校、幼儿园的教职员工应当尊重未成年人的人格尊严,不得对未成年人实施体罚、变相体罚或者其他侮辱人格尊严的行为。

可见,体罚与变相体罚是违法的"处罚行为",而教育惩戒是通过实施含有"惩罚"因素的手段以达到教育目的合法合规行为,二者切不可同日而语。

令笔者担忧的是,部分教师在适用教育惩戒措施时,可能会因不注意其适用的场合或者没有把握好适用的"度",将教育惩戒异化成对学生的"体罚"或者"变相体罚",导致合法合规的正当教育惩戒行为走向其反面,正所谓真理往前多走一步就可能成为谬误,合法与违法有时也就一步之遥,故不可不察。

在实践中,我们可以从以下几个方面来判断对学生的"惩戒行为"是否已经异化成"体罚"或者"变相体罚"。

第一,依据是否合法合规。教师采取任何惩戒性措施,都必须首先注重其合法合规性问题,如果违反了法律、法规或者行政规章的规定,就可能构成对学生的体罚或者变相体罚。此外,如果实施了校规校纪没有明文规定的惩戒措施,则也可能构成对学生的体罚或变相体罚。某些教师由于胸中无"法",在对待教育惩戒的问题上只从所谓的合不合理以及必要不必要方面考虑,就极可能导致出现教育惩戒不合法不合规的问题。

第二,适用是否适当。教师采取的惩戒措施尽管符合《规则》确立的措施,或者有校规校纪依据,但如果使用不当,也可能构成体罚或变相体罚。比如,《规则》规定可对轻微违纪学生采取"一节课堂教学时间内的教室内站立"措施,但如果教师让学生在操场上站立一节课堂教学时间,就构成了变相体罚。很明显,同样是站立之惩戒措施,也是"内外有别":教室内的站立,知情人都是自己熟悉的老师与同学,受惩戒学生尽管有可能感到难为情,但一般不会感到太大的"羞辱",如果是在操场上站立,则会处于众目睽睽之下,无异于一种让人感到羞辱的"示众"行为,对学生心理的伤害程度明显超过必要限度而失去其正当性与合理性。

第三,是否进行了不正当传播。在互联网与自媒体高度发达的当今社会,一方面,人们高度关注自身合法权益以及人格尊严,另一方面,人们的肖像权、隐私权等合法权益极易受到侵害,因此在对学生进行教育惩戒后要确保不出现不正当传播的问题,以免造成侵权与舆情事件发生。比如,教师在对轻微违纪学生实施"一节课堂教学时间内的教室内站立"措施后,觉得还不足以让该生纠正错误言行,于是擅自决定采取进一步行动,将惩戒照片或者惩戒视频转发到班级家长群,导致全班的家长都会知道该惩戒事件的发生,必然对受惩戒学生以及其家长造成不应有的羞辱。于是,本来是正当的教育惩戒行为,就这样不经意间演变成为带人格侮辱性质的变相体罚行为以及对其家长的侵权行为。

当然,惩戒是否正当,是否合理,是否会在不经意间演变为体罚或者变相体罚,绝非一个纯粹的法律问题,而是一个教育艺术问题,是教师能否将其友善价值观与教育情怀恰当展现于外部的行为。教育惩戒必须遵守因时而异与因人而异的基本准绳,这种"差别对待"与规则面前人人平等的基本理念并不矛盾,而恰恰是对平等理念的体现与践行。教师明显知道某违纪学生自尊心强,面子很薄,或者性格敏感、内向,就不宜采取严厉的惩戒措施,相反,对那些调皮捣蛋屡教不改的学生,则惩戒措施在许可范围内就可适当重一些。因此,教育惩戒措施的适用要充分考虑时空、情景、对象的特殊性,判断一个具体的惩戒措施是否正当与合理,是否构成体罚或者变相体罚,既要考虑学生的性格特征,也要考虑该教师在实施惩戒措施时的主观心态[1],当然也要考虑该班大多数师生以及家长们的普遍感受。

---

[1] 任海涛.《"教育惩戒"的概念界定[J].华东师范大学学报(教育科学版),2019,37(04):142-153.

### 三、教育惩戒与"行政惩戒"概念的区别

"行政惩戒"属于"行政责任"范畴,一般指行政处分,广义上的行政惩戒也可包括行政处罚,可以视为"教育惩戒"的上位概念。我国 2021 年 7 月 15 日施行的新《行政处罚法》新增了"行政处罚"的概念,该法第二条明确规定:"行政处罚是指行政机关依法对违反行政管理秩序的公民、法人或者其他组织,以减损权益或者增加义务的方式予以惩戒的行为。"

笔者认为,"教育惩戒"具备行政惩戒的基本属性,但也不可忽视其特殊性。行政惩戒与教育惩戒的共性包括[①]:

第一,都属于行政行为。很明显,行政惩戒作为一种行政责任,属于行政行为的一种,与刑事责任、民事责任存在显著的本质区别。教育惩戒也应归于行政行为,它所要追究的责任不是学生的民事责任,更不是刑事责任,而是学生在违规违纪后理应承担的一种具有特定内涵的行政法律责任。

第二,都属于内部行政行为。狭义上的行政惩戒一般是指行政机关对内部成员实施的一种处分措施,而教育惩戒是学校或教师对内部成员(学生)实施的一种处理措施,都属于内部行政行为。

第三,都基于行政法律关系而产生。产生行政惩戒的基础法律关系是一种上下级管理与被管理的纵向法律关系,属于行政法律关系。教育惩戒也是基于学校"教育管理权"而实施的一种行为,而"教育管理权"是国家赋予学校的一种准行政权力,学校与学生之间形成的是一种特殊的行政法律关系。

当然,与"行政惩戒"相比,"教育惩戒"还具有自己的特性[②]:

第一,二者目的不同。"行政惩戒"作为一种法律责任形式,以惩罚违禁行为为主要目标,而"教育惩戒"作为一种教育手段,以将学生培养为合格人才为主要目标。行政惩戒针对的对象是成年人,其行为违反行为准则,理应承担法律责任。而教育惩戒针对的对象主要是正在接受教育的未成年学生,惩戒的主要目的是使他们的行为回归正轨。

---

① 任海涛.“教育惩戒”的概念界定[J].华东师范大学学报(教育科学版),2019, 37(04): 142-153.
② 同上.

第二，在是否保留惩戒档案方面存在不同。行政惩戒一般要保留惩戒档案，但是教育惩戒是否保留档案则比较复杂。一般认为，对于高中以前的教育惩戒记录，在高中毕业后应当销毁，原因是应当给未成年学生留有改过自新的余地。也就是说，在教育活动中惩戒是教育手段，应给予学生充分的改过机会。

第三，在是否可以提起行政复议和行政诉讼方面也存在不同。行政机关对其内部成员做出的"行政惩戒"处分是不可以提起行政复议和行政诉讼的，当然，行政处罚作为广义上的行政惩戒，受到惩戒的行政相对人则可以提起行政复议和行政诉讼。但是，我国司法实践中已经承认了高校学生可以因为对学校的教育惩戒不服而提起行政复议和行政诉讼。由于教育惩戒可能侵害到学生的受教育权等基本权利，允许学生提起行政复议或行政诉讼，无疑是对其权利的最大保护。《规则》也同样确立了中小学生及其家长对于严重的教育惩戒与纪律处分措施，有权向学校的学生申诉委员会进行申诉。在不服申诉决定之后，可向教育主管部门申请复核。在对复核决定仍不服后，可以依法提起行政复议或者行政诉讼，在保护未成年学生合法权益方面迈出了可喜的一大步！

# 第二节　教育惩戒的价值

在现代教育的各类教育手段中，最具争议性的莫过于教育惩戒。其实，自从人类有教育行为以来，赏识教育与惩戒教育就一直被认为是两大最基本的且被反复证明是行之有效的教育手段。著名教育家马卡连柯强调，合理的惩戒制度不仅是合法的，也是必要的。这种合理的惩戒制度有助于养成学生坚强的性格，培养学生的责任感，锻炼学生的意志和人格，培养学生抵抗挫折与战胜挫折的能力。[①]然而进入现代教育时代之后，教育惩戒却因"侵害人权"之嫌背负了沉重的伦理负担，要么被禁止，要么被非议，甚至被无端妖魔化。因此，有必要对教育惩戒的价值，尤其是其伦理价值予以探究，以减轻全社会特别是学生家长对于惩戒的"恐惧"，最大限度达成教育惩戒之共识。

---

① 索成林.班主任加强人文关怀的探索与实践[J].陕西学前师范学院学报，2016, 32（08）: 144-148.

### 一、教育惩戒是尊重学生的善意释放

在日常生活中,相信大家都有这样的感觉与经历,那就是当我们真正尊重他人并让对方感到亲近时,我们的讲话方式与讲话内容都很容易被对方接受,这就是尊重的价值与魅力。对于现代教育,尊重无疑是其倡导的重要价值理念,更是教育的基本前提。如果说赏识教育体现的是对学生的尊重,则真正的惩戒教育也同样体现的是对学生的尊重。从心理学的角度分析,我们不可能对我们漠视或者不尊重的人提出更多的要求,当我们愿意对其提出要求哪怕是苛求的时候,这种要求与苛求里就包含着我们对这个人的尊重以及期望。在笔者从事教育法律服务的这几年中,时常碰到教师因正当惩戒学生而遭到家长一次次无理投诉甚至恶意中伤的事例,有极少数教师含泪向笔者表示以后不会再管类似学生了。

当然,凡事皆有度,赏识与惩戒都应控制在适度范围内,无原则的博爱之泛滥带来的表扬必然是低质廉价的,导致更多被"表扬"的学生无所适从,而过度严苛的惩戒又可能让学生陷入暴力的泥潭[①],两者都不是尊重,而是伤害。

为确保教师在实施教育惩戒时永远做到尊重学生,笔者认为有必要构建以关爱为核心,以民主、平等、尊重、和谐为基本特征的师生关系。教育惩戒是理性的发挥,甚至带些冷静的色彩,但教育是做人的工作,教师在实施教育惩戒权时应适度展示教育温情的一面,因为,没有爱就没有教育,惩戒只有在爱的关照下,才会进一步彰显其独特价值和魅力[②]。笔者注意到,目前某些学校的师生关系令人忧虑,要么体现为教师对学生过分严肃甚至冷漠,要么体现为教师对学生无原则的表扬或迁就,前者属于"俯视型"师生关系,是传统"知识权威"教师定位的结果,后者属于"仰视型"师生关系,则是"人本主义思想"泛滥的产物。其实这两种关系都已异化为没有关系的关系,无论是高高在上的冰冷权威,还是一味地取悦和表扬,都已离开了教师对学生的价值引导与培养,这种畸形的师生关系影响着教育的质量和效果,对教育惩戒的实施更是危

---

① 张婷. 教师教育惩戒的伦理价值检视及其理性实现 [J]. 当代教育科学,2016 （14）：56-60.
② 同上.

害尤甚。因此,顺应现代教育的发展要求,以关爱为核心,构建基于民主、平等、尊重的"平视"的师生关系迫在眉睫,这既是现代教育的发展趋势,也是有效实施教育惩戒的内在要求[①]。

### 二、教育惩戒是维护校园正义的正当手段

教育是育人的事业,而育人的事业必然是最正义的事业,因此学校领导与教师要努力做校园正义的守护神,保护学生生命健康与财产安全,确保教育教学井然有序,公正无私地对待每一个学生,让学生在平等、友善与法治的校园氛围中学习和成长。我们在公平原则的指引下,不但要奖励那些维护校园秩序、争取集体荣誉以及追求进步的优秀学生,也要惩戒那些违反校规校纪或侵害其他学生合法权益的犯错学生。实践证明,对待未成年学生,一味地鼓励或惩戒,都是有害的,鼓励与惩戒"两手都要硬",这不仅是教育实践的现实要求,也是维护校园正义的迫切需要[②]。教师与学校漠视、无视甚至放纵学生的违法违纪行为,是最严重的教育渎职,长此以往必将葬送教育事业。

### 三、教育惩戒是弘扬师德的必然要求

马卡连柯曾说:"凡是需要惩罚的地方,教师就没有权利不惩罚。在必须惩罚的情况下,惩罚不仅是一种权利,而且是一种义务。"而且,马卡连柯成功地将三千多名流浪儿童和青少年违法者培养成为合格公民,这一伟大的教育实践进一步说明了正当惩戒不但不是缺德的行为,反而是教师具有职业道德的体现[③]。

笔者认为,如果新时代背景下的广大教师仍抱有"多一事不如少一事""免得惹祸上身"的"鸵鸟"思想,排斥、回避甚至拒绝使用惩戒权,受损害的不仅仅是学生,还有我们国家确定的教育目标以及整个社会的整体利益。

对学生的教育,绝不能一味地灌"糖水",未成年学生在校必须接受

---

① 张婷.教师教育惩戒的伦理价值检视及其理性实现[J].当代教育科学,2016(14):56-60.
② 同上.
③ 同上.

有关知识和能力的教育,也必须接受有关服从的教育①。可见,正当的惩戒行为,恰恰是教师具有职业道德、对学生有爱的一种表达。希望广大家长和社会务必能理解这一点。

# 第三节　教育惩戒的属性

《规则》在对"教育惩戒"的概念进行界定的同时,实际上也基本明确了"教育惩戒"的属性问题。2020 年 12 月 29 日,教育部政策法规司负责人就"如何让教育惩戒有尺度、有温度"问题系统回答了记者的提问,在关于教育惩戒属性问题上,教育部政策法规司负责人表示:该规定首先明确了教育惩戒的属性,其是在教育过程中发生的,学校、教师行使教育权的一种具体方式,而不是单独赋予学校、教师的一种权力。可见,教育部政策法规司负责人在此实际上是对教育惩戒的教育属性予以了特别肯定。

可以说,尽管《规则》关于"教育惩戒"概念的规定清晰明了,教育部政策法规司负责人的回答也是掷地有声,但实际上关于教育惩戒的属性问题在理论界与实务界一直以来分歧较大,且这种分歧并不会因《规则》的出台与实施而戛然停止。

笔者认为,应从以下四个方面来全面理解与概括教育惩戒的属性。

## 一、教育惩戒的教育属性

教育惩戒无疑是基于正当"教育目的"而设立的,《规则》强调,教育惩戒要"符合教育规律,注重育人效果",因此教育属性理应成为教育惩戒的首要属性,在这里,我们也可以将"教育属性"称为"育人属性",二者是从不同的角度来诠释教育惩戒的首要属性的。笔者认为,可从如下两个方面来进一步理解教育惩戒的教育属性:

第一,教育惩戒的教育属性是由教育者与被教育者之间的教育关系与管理关系决定的。

---

① 张婷. 教师教育惩戒的伦理价值检视及其理性实现 [J]. 当代教育科学,2016(14): 56—60.

我国《教师法》第三条规定,教师是履行教育教学职责的专业人员;我国《教育法》第二十八条规定,学校有对受教育者进行学籍管理、学业指导,实施奖励或处分的权力。因此,无论是教师还是学校,对违规违纪学生实施教育惩戒,是基于教师与学校法定地位而拥有的一种带有强制性的教育性权力,是教师与学校在履行教育教学与管理等法定行为中特有的权力,体现的是在教育教学活动中教育者与被教育者之间的管理关系,同时又体现二者之间的教育关系。①

教育关系的客观存在,决定了教育惩戒的目的是教育学生,且要符合教育规律与注重育人效果。与教育关系密不可分的是管理关系,没有有效的管理则无成功的教育。这种管理关系必然体现为教育惩戒过程中师生之间的非对等关系。作为教育管理者,教师教育管理权与学校教育管理权的来源既有联系又有区别:学校主要基于法律上的规定和教育主管部门的授权,对在校学生的教育教学活动有管理职能,而教师作为国家教育职能的直接执行者和家长教育权的委托行使者,则是这一管理职能的实际履行者。② 总之,教育惩戒权反映的是教师、学校与学生之间以命令与服从为特点、具有明显强制性的管理行为。该管理行为与教育行为密不可分,体现并保障教育惩戒的教育属性。

第二,教育惩戒的教育属性是由教育的"两面性"决定的。

笔者认为,完整的教育应当由对立统一的"两面"构成,既有循循善诱、温文尔雅一面,也有严厉训导、强制的一面。只要从事中小学生的教育工作,就必然包含对学生的严格训导、严格纪律,由于未成年学生心性未开、涉世不深,规则意识与社会习惯均有待形成,若在教育中遇到少年冥顽,无法领悟教化且"循循善诱、温文尔雅"之教育失灵时,就只能以某种其不情愿且让其不舒服的惩戒方式促使其辨明是非与纠错守纪。教育惩戒名为"惩"而实为"教",目的是以次优但必要的手段迫使学生学习知识、形成习惯、遵守纪律、尊重他人、发展人格,以最终实现教育的立德树人之功。③

为坚持教育惩戒的教育属性或者育人属性,就必须旗帜鲜明反对教育惩戒的"无目的性"或"非正当目的性",就必须旗帜鲜明防止教育

---

① 谭晓玉.教育惩戒权的法理学思考——兼评《青岛市中小学校管理办法》[J].中国教育法制评论,2017(00):129-142.
② 同上.
③ 张力.教育惩戒是种什么"权"? [N].检察日报,2020-04-15(007).

惩戒的滥用与异化,永远将教育惩戒当作学校与教师行使教育权、管理权、评价权的正当手段与方式。

### 二、教育惩戒的权力属性

(一)《规则》为何未采用"教育惩戒权"表述方式

笔者注意到,2019 年 6 月出台的《中共中央国务院关于深化教育教学改革全面提高义务教育质量的意见》明确提出"制定实施细则,明确教师教育惩戒权",但在教育部公布的征求意见稿中却未照搬"教育惩戒权"概念,正式出台的《规则》也未再完全采用"教育惩戒权"这一表述方式。那么,这是否意味着对"教育惩戒"权力属性的完全否定呢?

笔者认为,教育部之所以采用了与顶层设计略有区别的表述方式,应该有其充分的正当考量。因为我国教育法与教师法等上位法有明确规定,教师在学校教育中的基本法定职权就是"教书育人",而教育惩戒其实是上位法已然规定的教育职责的应有之义①,因此《规则》作为部门规章,暂不宜为学校与教师创设一种新的权力即"教育惩戒权"。在学界,反对使用"教育惩戒权"概念的声音也不绝于耳。但笔者坚持认为,名称上的细微变化并不能从根本上改变教育惩戒应有的权力属性,中央顶层设计的精神应予以坚持,那些彻底否定"教育惩戒"权力属性的观点明显是武断的,更是不合时宜的。

(二)国外关于"教育惩戒权"的立法探索与实践

笔者深信未来的教育法与教师法在这方面会有新的突破,相信"教育惩戒权"终究有一天会名正言顺地登上法律的大雅之堂。在这方面,不但有中央顶层设计以及诸多的关于教育惩戒权合理性研究成果予以支撑,也有国外关于"教育惩戒权"的立法探索与实践予以参考借鉴。

英美等国作为教育强国,是较早对教育惩戒权进行立法探索的国家。在英国,教师惩戒权最开始也是被禁止的,后来被恢复并且适用范围不断扩大。2006 年 4 月,英国《2006 教育与督学法》生效,对教师的惩戒权做出了如下规定:允许教师拥有从学生身上没收诸如手机、音乐

---

① 张力.教育惩戒是种什么"权"?[N].检察日报,2020-04-15(007).

播放器等不合适物品的法定权力；对在上学或放学路上表现不好的学生进行惩戒的法定权力；扩大对学生进行课后留校处置的权力范围和灵活性，课后留校处置时间包括放学后和周六；增强教师及其他教职员工使用"合理武力"防止学生实施犯罪行为、制造伤害、破坏或干扰的权力。[①] 在美国，教师的惩戒权则主要体现为教师有权在学生违反学校规章制度后，分情节轻重给予以下处罚：一般的纪律惩处（包括给家长打电话；罚站；不许参加课外活动；罚早到校或晚离校；被勒令离开教室10分钟或30分钟；罚星期六来学校读书）、罚学生多少天不让上学、开除、勒令转校等。[②]

（三）教师地位与能力是教育惩戒权力属性的保障

赋予教育惩戒权力属性，一方面要明确与肯定教师的地位，另一方面要体现教师的能力。教师因有管理学生的法定权力而享有特殊的地位，这种地位一方面是国家法律赋予教师职业的公权力，另一方面也体现为家长监护权部分委托给教师而形成的私权利。[③] 当然，如果教师仅仅有所谓的地位，而无相应的能力，则其地位是难以确保的。也就是说，教师要想实施教育惩戒这种权力，就必须有足够的能力去保障。教育实践中，滥施教育惩戒或者教育惩戒缺失，其实质就是教师教育惩戒能力低下的表现。

当然，"教育惩戒"作为一种特殊的权力，仅仅是"教育权"与"管理权"的从权力，是教育权与管理权不可分割的重要组成部分，正如教育部所解读的那样：教育惩戒"不是单独赋予学校、教师的一种权力"。只有明确了"教育惩戒"所包含的"权力"属性，才能让更多的教师愿意拿起"教育惩戒"这把新时代无形的戒尺，去对学生形形色色的违规违纪行为进行合法的"宣战"与有效的"斗争"，才能从根本上维护"师道尊严"与实现"立德树人"的教育终极目标。网络上有句话流传很广，即"跪着的老师教不出站着的学生"，如果教师连教育惩戒学生的起码权力都

---

① 贾成宽.论我国公立高校和教师惩戒权法制的缺失及完善——以公立高职院校为视角[J].今日中国论坛，2012（11）：146-149.

② 曹辉，赵明星.关于我国"教师惩戒权"立法问题的思考[J].教育科学研究，2012（06）：54-57+64.

③ 白雅娟，李峰.教师惩戒权的流失与救赎[J].教育探索，2016（04）：144-148.

没有,则必然是师道不存树人无望!

### 三、教育惩戒的责任属性

从某种角度上看,教育惩戒更是一种责任,其实质就是教师与学校的使命与担当,一定的权力总是与一定的职责相统一的。教师与学校必须时刻保持"如履薄冰"的心态,正确履行自己应尽的责任。不该惩戒或者没有必要惩戒的而惩戒了,该惩戒的又没有惩戒,或者一通胡搞乱惩戒,无知者无畏,都是不负责任的行为。这里的"责任"还包括另外一种内涵,那就是教师违法行使教育惩戒,有可能会被追究纪律责任或法律责任。此外,实施教育惩戒不但是教师与学校的法定职责,也是其道德责任。在道德责任上,教师与学校滥施或缺施教育惩戒是违背教师职业道德以及学校作为法人的道德价值观的,因此应该将道德责任贯穿于教育惩戒行使的始终。

为此,教师作为实施教育惩戒的重要主体,如能坚持做到如下三点,则其犯错的概率会小得多。

第一,不必要惩戒的一定不惩戒,惩戒务必以"必要性"为前提。教育的首要手段应是以赏识教育为主的正面管教,促进学生的认同和内化,只有当正面管教无效时,才能采取"小惩大戒"。[①] 也就是说,可以通过温馨提醒解决问题的,就不公开点名批评,点名批评能够达到目的的,就没有必要采用其他更严重的措施和手段。赏识教育易,惩戒教育难,教育惩戒的权力应该慎用。教师须明了教育惩戒手段的结果与预期,要努力通过涵养良好的师德与高超的教育技巧来教育感染受教育者,慎用、少用惩戒教育,巧用、多用赏识教育。在教育惩戒之"慎用、少用"成为不得不采用的选择时,教师对实施教育惩戒的目标以及注意事项必须了然于胸,尤其严禁以"教育惩戒"为名对学生身心造成伤害,坚持做到"不必惩戒的一定不惩戒"。

第二,必须惩戒的绝不姑息,惩戒应以"严格性"为特质。坚持正面教育尽量减少惩戒,当然不等于对学生违纪违规行为"视而不见"。教师不能以教学工作任务重、自己经验不足、违纪学生人数多、家长不配

---

① 周佳.论教师教育惩戒自由裁量权的规制 [J].中国教育学刊,2020 (01):
50-54.

合或有投诉举报风险等理由回避教育惩戒,[①] 对惩戒措施不敢于、不善于或不屑于适用都是不应该的。

第三,不能一惩了之,惩戒应以"善后性"为保障。《规则》第十三条第一款规定:教师对学生实施教育惩戒后,应当注重与学生的沟通和帮扶,对改正错误的学生及时予以表扬、鼓励。为何一定要注意教育惩戒的"善后"工作呢?因为教育惩戒可能会给学生的心理带来一定的消极影响,所以在惩戒结束尤其是较重或严重惩戒结束后,一定要做好对学生的沟通与帮扶工作,一定要让受惩戒的学生真正明白教师与学校的良苦用心。教师要一如既往地关心爱护犯错误的学生,不要让学生有被歧视感或过度失落感,并鼓励班集体大家庭中的其他学生去亲近他(她),不歧视,不疏远,不使其产生孤独感,尤其不可唆使其他学生去刻意孤立他(她)。[②] 教师要密切关注被惩戒学生的一举一动和一言一行,通过认真观察,促膝谈心以及家访等方式了解该生的思想动态,尽量避免不良后果发生。在当前中小学生自杀(自伤)现象令人担忧的大背景下,教师切不可抱着"一惩了之"与"不关我事"的随意与放任心态来实施教育惩戒,一旦酿成大错,必将追悔莫及。另外,教师也要提升自己的审美能力,及时捕捉犯错误学生身上的闪光点和点滴进步,并采用表扬鼓励的方式,激发其上进的信心,塑造其健全的人格。[③] 那些无法发现或者不屑发现易犯错学生"闪光点"的教师,既是教育短视与教育歧视的体现,也是教育审美能力低下的体现。

笔者认为,这种"善后性"是与教师的"宽容性"密切相关的,做到严厉惩戒与宽容惩戒相结合。教育惩戒以教育为首要属性与最终目的,应有利于学生的成长和发展。[④] 面对未成年人的过错行为,教师在确有必要时可行"霹雳手段"而实施教育惩戒,但又时刻怀有"菩萨心肠",恪守宽容理念,绝不歧视被惩戒学生,还要注重有效沟通与真诚帮扶,甚至给予他们必要的抚慰。

---

① 周佳.论教师教育惩戒自由裁量权的规制[J].中国教育学刊,2020(01):50-54.

② 章莲梨.论惩罚教育在班级管理中的应用[J].中学课程辅导:教学研究,2010,000(003):121-122.

③ 李三福,丁志鹏,张诚."理解教育"的罚后安抚策略及其运用[J].教育理论与实践,2007(12):20-22.

④ 张婷.教师教育惩戒的伦理价值检视及其理性实现[J].当代教育科学,2016(14):56-60.

总之,教师对教育惩戒后的情况要进行跟踪与反馈,了解受惩戒学生的态度及表现,对改正不力的要进一步督促和教育,对于改正得好或有其他突出表现的,可视情况取消处分并进行适度肯定。促进学生德智体美劳全面发展是新时代中小学教育发展的硬道理,也是实施教育惩戒制度的出发点与归宿。所有的教师与学校都应该明白,教育惩戒绝非对违规违纪学生的体罚制裁,更不是打击报复,务必让他们在充满爱心耐心与正义的教育惩戒中懂得什么叫责任,懂得为何要遵守规则,让他们在充满智慧的教育惩戒中逐步走向成熟。

### 四、教育惩戒的权利属性

根据《规则》的规定,教师在课堂教学与日常管理过程中,对违规违纪情节较为轻微的学生可以当场实施"点名批评"等教育惩戒措施。但在实践过程中,碰到同一学生在不同时空发生的较为轻微的同类违规违纪行为,甲教师对其采取了"点名批评"的教育惩戒措施,而乙教师却反其道而行之,请违规违纪的学生到家里做客吃饭;还有,对于不同学生的同一类违规违纪行为,同一教师对甲同学采取了教育惩戒措施,而对乙同学却没有采取教育惩戒措施;等等。出现上述现象的原因在哪里呢? 是不是可以根据教育惩戒的权力属性与责任属性推断上述放弃适用教育惩戒措施的教师构成失职呢?

在此,有必要明确与肯定教育惩戒的权利属性,也就是说,教师面对学生情节轻微的违规违纪的情况下,哪怕确有实施"教育惩戒"的必要性,也应当允许教师根据学生的性格特征等多方面相关因素进行综合分析判断,从而决定是否放弃对教育惩戒的适用。

在上述第一种情况下,如果采取"点名批评"方式的教师能较好地掌握点名批评的方式与批评的艺术,则能达到较好的育人效果,但我们绝对不应该强迫所有教师都采取点名批评的惩戒方式,应当允许教师有一定的自由裁量空间以决定适用何种教育惩戒方式,甚至允许教师可以放弃惩戒方式的适用。上述乙教师请学生到家中做客吃饭的情况,因为乙教师认为该学生自尊心强且自己的批评艺术有欠缺,因此决定放弃教育惩戒的适用,但对于学生的违规违纪行为又不能放任不管,于是别出心裁请该违纪学生到家中做客吃饭,但是在吃饭的过程中乙教师始终保持沉默,没有与该学生有任何沟通,最后该学生也可能突觉"羞愧难当"

而主动向教师承认错误。

在上述第二种情况下,该教师惩戒了甲同学而没有惩戒乙同学,是因为教师对学生的性格特征了如指掌,甲同学经常违规违纪且每次必须通过适当惩戒方能改正错误,但乙同学初次违纪且自尊心特别强,一句轻轻的"点名批评"都有可能对其身心带来较大的负面影响,因此该教师采取了区别对待政策。如果甲同学及其家长以教师不平等对待学生为由向学校与上级主管部门投诉,且相关部门不能很好把握教育惩戒的权利属性,就有可能以该教师未对乙同学实施教育惩戒构成失职为由而对其进行错误处分。

因此,教师以及学校应当享有在特定情形下对学生违规违纪行为不实施教育惩戒以及实施何种教育惩戒的自由,也就是说有自由运用其他教育方法矫正学生不当行为的自由,这种不选择教育惩戒的自由与教育不作为的"惩戒缺失"有着本质上的区别①。此外,教育惩戒作为一种权利,还体现在教师与学校有从教育惩戒中获得利益的可能性与现实性。比如说教师可从教育惩戒的娴熟运用中获得职业尊荣,学校可从实施教育惩戒中促进学生的全面发展,因此这种利益并非教师与学校物质上的利益,而主要是基于教育职责并通过教育惩戒而获得的职业价值与成就。

可见,教育惩戒这门法治轨道上的技术活,是爱的艺术与教育艺术的生动实践与体现,那些不了解学生特性、不掌握教育规律以及对学生缺乏大爱的教师,是很难有效实施教育惩戒的。明确教育惩戒权利属性,方能让教师与学校在实施教育惩戒这条充满荆棘与花冠的道路上逐步去探索惩戒规律及其无穷奥妙,这也是对教师尤其是优秀教师的深层次关怀与保护!

## 第四节　教育惩戒的目标

《规则》第三条第一款规定:

学校、教师应当遵循教育规律,依法履行职责,通过积极管教和教育惩戒的实施,及时纠正学生错误言行,培养学生的规则意识、责任意识。

---

① 白雅娟,李峰.教师惩戒权的流失与救赎[J].教育探索,2016(04):144-148.

由此可知,对特定学生实施有效的教育惩戒,及时纠正学生的错误言行,是为了最终达到培养学生规则意识与责任意识的目标。笔者认为,教育惩戒并非"为惩而惩",教育惩戒作为学校、教师教育学生的手段性权力,具有一定的管理性功能,但又不同于纯粹的教育行政管理权,其目标在于回归教育初心,最终实现"立德树人"的教育本质要求和价值诉求。"立德树人"的教育诉求主要体现为培育学生的"规则意识"与"责任意识"。①需要特别强调的是,中小学教育作为教育的起步与初始阶段,其要实现的教育目标绝非终极性社会目标,我们最终要将学生培养成为新时代背景下身体健康、心态阳光与人格健全的合格公民,使学生在走出校门之后,能以成熟理性的健全人格面对纷繁复杂的社会②。因此,教育惩戒的实施需要对接社会目标,也完全可以对接社会目标,全力为社会主义现代化建设与中华民族伟大复兴培养亿万具备规则意识与责任意识的合格公民。

**一、培养学生的规则意识**

(一)规则意识的内涵

在中小学的校园教育中,学校、教师通过行使教育惩戒,"以惩促教",实现培养具备规则意识公民的最终目标。

那么,何为规则意识呢? 笔者认为,规则意识至少具有两层含义:

其一为遵守规则的认知。人在婴儿时期是无所谓规则意识的,但是随着年龄的增长与心智的健全,随着从幼儿园到学校,从小学到中学,学生对身边的各项规则包括家规、校规以及居住小区规则都会产生一定的认知,且这种认知是随着体验的不断深入而递增的。比如说,家长确立的见到长辈要喊人的家规,学校规定的不可迟到、早退等内容丰富的校规,小区正在执行的垃圾应分类等规定,等等,如若违反,就会受到相应的谴责甚至"制裁"。

其二是法律思维下的规则思维。在未成年学生社会化不断加深的过程中,需要建立更加体系化、更合理以及更具深厚价值基础的他律机

---

① 雷槟硕.教育惩戒权行使的目标:培育规则意识 [J].复旦教育论坛,2019,17(04):34-40.
② 同上.

制,不能简单依赖个人权威的发号施令,而应借助制度性权威和机构型权威,符合这一系列条件的行为遵从便是"尊法"与"守法"[1]。遵守法律规则而形成的思维模式便是规则思维。简而言之,规则思维是以法律规则为基准,遵守规则、尊重规则、依据规则、运用规则运行的思维模式,规则思维是法律思维的核心组成部分。新时代法治建设的重要使命在于培养全民的法律思维与法律信仰,让全民都能尊法学法守法护法,因此在中小学阶段培养未成年学生的规则思维是其不可或缺的重要一环。

(二)将规则意识设定为教育惩戒目标的原因

笔者认为,将培养规则意识设定为教育惩戒实施的主要目标,至少是基于以下两方面因素的考量[2]。

一是预防未成年人违法犯罪的客观需要。近些年来,未成年人违法犯罪问题引发社会高度关注。据统计,在未成年人违法犯罪案件中,行为人的文化程度多为初中毕业或肄业。初中阶段作为未成年人价值观形成的关键时期,也是家庭与学校的重心转移时期,故而有必要对该年龄段的未成年人加强管理教育[3]。在正面教育无效的情况下,教育惩戒就应当及时派上用场。此外,未成年学生在学习与生活中的纠纷,其发生原因多集中于口角、小摩擦、小利益等琐事,而且个人感情与情绪冲动也占到了很大的比例[4]。由此可以推断,未成年人违法犯罪和暴力案件激增的原因,无疑有社会转型带来的不可避免的负面因素等客观原因,但根本内因还在于未成年人的自控能力和情绪管理能力较弱,规则意识模糊,不能有效克制自己的冲动。因此,要以培养规则意识为基本导向来实施教育惩戒,在内在价值观上促使学生形成对规则的理解、认同与敬畏,自觉将规则作为行为遵从的理由,而不是一味依赖强制性他

---

① 雷槟硕.教育惩戒权行使的目标:培育规则意识[J].复旦教育论坛,2019,17(04):34-40.

② 谭晓玉.教育惩戒权的法理学思考——兼评《青岛市中小学校管理办法》[J].中国教育法制评论,2017(00):129-142.

③ 雷槟硕.教育惩戒权行使的目标:培育规则意识[J].复旦教育论坛,2019,17(04):34-40.

④ 同上.

律机制的运用,最终形成自发性规则遵从意识[①]。

二是防止惩戒手段目的化的迫切需要。如上所言,教育惩戒的行使是实现教育目的的手段之一,而绝非目的之本身。因此,一定要防止惩戒手段目的化,坚决杜绝以惩代教。大家都知道,当前中小学教育中确实存在教师不敢惩戒、不善惩戒等突出问题[②],但也不能本末倒置鼓励教师将"教育惩戒"当成教育的主要手段,如果教育惩戒成为教师对学生实施的"家常便饭",则一定是教育的无能与教育的悲哀。因此,《规则》在教育惩戒的设计之初便将惩戒目的融入惩戒手段。只有将培养学生规则意识始终贯穿于教育惩戒实施的过程之中,教育惩戒才不会偏离正确航向,以惩代教的现象以及其负面影响才能被遏制在可控范围之内。

## 二、培养学生的责任意识

### (一)责任意识的内涵

所谓责任意识,就是人们清楚明了地知道什么是责任,并自觉、认真地履行职责以及自觉把责任转化到行动中去的心理特征,也可以说是一种"负责任"的主观心态。[③]当然,法治语境中的责任意识,还包括对"犯错或侵权要承担不利后果"的一种认知,这种不利的后果,在法治社会就是法律责任,当然也包括"以德治国"语境下的舆论批评与道德谴责。

现实生活中,人类文明发展要求人要具有沿袭文明、发展文明的责任意识,关心国家政治生活的责任意识,承担生活角色的责任意识,敢于承担责任的责任意识。对于我们成年公民而言,一要对自己对他人对社会以及对工作负责,有责任意识,碰到再危险的工作也能减少风险,如没有责任意识,再安全的岗位也可能出现险情;责任意识强,再大的困难也可以克服;责任意识差,很小的问题也可能酿成大祸。二要在自己犯错时敢于认错并勇于担责。那些犯错后不敢面对责任或者千方百

---

①　雷槟硕.教育惩戒权行使的目标:培育规则意识[J].复旦教育论坛,2019,17(04):34-40.

②　同上.

③　浅谈萨特的自由选择观与责任.百度文库[DB/OL].https://wenku.baidu.com/view/42d426620d22590102020740be1e650e53eacf27.html 2019-11-15/2021-7-14.

计逃避责任的行为,都是责任意识欠缺且没有担当的体现。

(二)将责任意识设定为教育惩戒目标的原因

长期以来,学生不负责任尤其是不愿意承担责任,是令教师头疼不已的大问题。比如说,当学生们之间发生矛盾时,面对老师的询问或质问,孩子们常脱口而出的一句话就是:"是他先惹我的,所以我才会这样做的。"他们总会强调自己是由于对方的原因才犯错误的,总会互相指责却很少提及自己的责任,即使偶有提及,也多会避重就轻,不愿承认错误并承担责任。

究其原因来看,多是由于现在的孩子都是家庭的宝贝,在家庭生活中倍受呵护,如果孩子是独生子女,则这种被呵护程度会成倍增加。比如说孩子摔倒了,家长会用脚跺着地板说:"都怪你不好,害得宝宝摔跤了。"吃饭噎着了,妈妈会主动承认错误说:"都怪妈妈一次喂了这么多,噎着宝贝了。"长此以往,孩子就会逐渐在家长的言行影响暗示下形成了一出现问题就在周围人或事上找原因的习惯,久而久之助其养成了推卸责任的不健康心理,更不会去反思自己的问题,承担自己的责任。上述大人的行为都会严重影响孩子的心理健康,导致在这样环境中成长起来的孩子任性自私,在集体生活中难以和他人融洽相处,缺少朋友,极易造成心理上的偏差,也极大程度地制约和阻碍着他们的健康发展。

目前,中学生自杀现象已并非个案,着实令人忧虑,其重要原因之一就包括当事学生在碰到挫折时,总是将责任归结于家庭、学校或者社会,不能好好反思自身存在的缺陷,不能找到克服困难与改正错误的道路,或者不能原谅家庭或者社会所谓的"错",最终用自杀来求得自身的解脱或者实施对家庭与社会的惩罚。这种极其不负责任的行为,实在令人扼腕叹息!但是,生命是无比可贵的,生命安全与生命尊严受法律保护,没有任何一个人是该死的,作为教育工作者,自己要成为对生命对社会高度负责的人,尊重生命,敬畏生命,关爱生命,以自己的智慧与负责去教育与影响每一个学生。

总之,一种良好意识的形成绝非一朝一夕之功,尤其是要让人形成良好的责任意识。为此,责任意识必须从娃娃抓起,我们可以通过晓之以理动之以情,通过正面的鼓励与肯定教育,帮助他们分清楚是非,帮助他们树立对自己负责对家庭负责对社会负责的良好心态,培育青少年学生的责任心与责任感。笔者坚持认为,在培育学生责任意识上,要坚持以预防为主、惩戒为辅的方针,教师,尤其是班主任老师应该根据学生身心发展规律,研究其性格养成、兴趣发展、能力成长与家庭环境等方面的特征,对各类影响学生行为的主客观因素进行分析和研判,学校应为此构建合理、完善、科学、规范的校园管理机制,通过持之以恒负责任的教学与管理,引导学生正确理解并遵守学生行为准则和行为规范,使其逐步形成积极健康的生活与学习态度,逐步培育其责任意识与担责理念。但是,对于极少数违反校规校纪并不愿意承担责任的青少年学生,无原则的鼓励与肯定式教育就显得明显不合时宜,可能只会让违纪违规来得更猛烈些,因此必须辅之以教育惩戒措施,培育学生"犯错就要付出代价"的代价意识,从而培养学生的担责意识。通过这种教育惩戒,让违规违纪学生形成责任意识的条件反射,从而逐步形成责任意识的正当思维定式。

　　总之,今日之中小学之教育惩戒,也许可以让某些学生来日免受更为严重的"刑事处罚"或付出生命健康的代价,用小小的惩戒换来学生一辈子的幸福或者大自由,就必须在培养学生规则意识与责任意识的道路上,久久为功,勠力同心,绝不言弃!

# 第二章　教育惩戒的基本原则

　　法律原则，是指集中反映一定法律内容的法律活动指导原理和准则。而法律的基本原则，则是指体现法律根本价值的法律原则，它是整个法律活动的指导思想和出发点，构成法律体系的神经中枢。

　　教育惩戒作为法治轨道上的技术活，理应遵循一定的法律原则，这是确保教育惩戒在法治轨道上健康运行的重要环节。教育惩戒作为行政惩戒的组成部分，首先要遵循行政法上的一般原则，当然，教育惩戒作为部门规章确立的特殊"行政惩戒"，更要遵守《规则》确立的基本原则。

## 第一节　行政法的一般原则

　　基于行政法的特殊性，我国并无统一的行政法，因此对行政法的法律原则并无实体法上的明确规定，但无论是在理论界还是实务界，一般都会将"合法行政""合理行政"等原则作为其基本原则来研究或遵循。在教育惩戒确立后，从某种意义上看，学校俨然成为"执法机构"，校长与教师就成为"执法者"，其"执法"对象就是千千万万的中小学生，如此国之大事，广大教师如不了解与掌握一些基本的行政法知识，如不能把握行政法原则的精髓，恐怕就难以成为合格的"执法者"。下面，笔者将对学界公认的行政法原则做一个简单的介绍。

### 一、合法行政原则

　　合法行政原则也可称为合法性原则，是指行政权的设立、行使必须依据法律、符合法律，不得与法律相抵触。合法性原则要求行政机关实施行政管理不仅应遵循宪法、法律,还要遵循行政法规、地方性法规、自治条例和单行条例及规章等,既要符合实体法,又要符合程序法,既要符合法律规则,也要符合法律原则。

合法行政原则是行政法的首要原则,也是行政法治的首要原则,其他原则可以理解为这一原则的延伸。任何行政权的设立与行使,哪怕有千万个存在的理由,但若违反了合法行政原则,都必然受到否定性的评价,因此在实践中要高度重视对行政行为的合法性审查。

## 二、合理行政原则

合理行政原则又称为行政合理性原则,指行政机关的行为,不仅要合法而且要合理,也就是行政机关的自由裁量行为要做到合情、合理、恰当和适度。因为要求法律对所有的行政行为都予以具体的详细的规定是不可能的,也是不现实的。这样,行政机关就被赋予了一定的自由裁量权,使其视具体情况做出相应的行为。但仅以行政合法性原则限制自由裁量权是不够的,必须以行政合理性原则予以限制。

一般认为,行政合理性要求:行政行为必须符合法律的目的;行政行为必须有合理的动机;行政行为应考虑相关的因素,而不能考虑无关的因素。

## 三、程序正当原则

程序正当是当代行政法的主要原则之一,它包括了如下几个方面的子原则。

第一,行政公开原则。除涉及国家秘密和依法受到保护的商业秘密、个人隐私的事项之外,行政机关实施行政行为应当公开,以便接受法律与人民群众的监督。法律谚语所称"正义不仅要得到实现,而且要以看得见的方式得到实现",在行政法领域主要体现的就是行政公开原则的重要价值。

第二,公众参与原则。行政机关做出重要规定或者决定,应当听取公民、法人和其他组织的意见。特别是做出对公民、法人和其他组织不利的决定,要听取他们的陈述和申辩。在政府重大决策制定的过程中,"公众参与"已经成为首要性的程序要求。

第三,回避原则。行政机关工作人员履行职责,与行政管理相对人存在利害关系时,应当自行回避。行政管理相对人也有权申请行政机关工作人员回避。

## 四、高效便民原则

高效便民原则要求行政主体在行使职能时在确保合法的前提下不断提高办事效率,不得对申请事项进行无故拖延,努力为申请人提供优质便捷的服务。比如在行政许可领域,坚持便民原则就是在合法的基础上尽可能简化审批事项的手续,降低审批事项的社会成本,提高办事效率,从而获取更大社会效益。此外,在一切行政活动中都不能增加当事人的程序负担,否则也可能构成行政侵权。

## 五、诚实守信原则

诚实守信原则一般也称为诚实信用原则或诚信原则,作为民法传统意义上的帝王原则,已逐步演变成行政法上的基本原则,离开了诚实守信原则的约束,就无法构建良好的行政法律秩序。诚实守信原则包含两个子原则:

第一是行政信息真实原则。政府信息作为重要的社会资源,其发挥作用的基本前提就是不能失真,如果连政府信息都不具备客观真实性,则对政府信誉以及社会经济生活的冲击是可想而知的。因此,行政机关公布的信息应当全面、准确、真实。无论是向普通公众公布的信息,还是向特定人或者组织提供的信息,行政机关都应当对其真实性承担法律责任。为此,有必要大力推行政府信息公开制度,让广大人民群众成为行政机关落实行政信息真实原则的重要推手。

第二是保护公民信赖利益原则,一般也称之为信赖保护原则。基本含义为:非因法定事由并经法定程序,行政机关不得撤销、变更已经生效的行政决定;因国家利益、公共利益或者其他法定事由需要撤回或者变更行政决定的,应当依照法定权限和程序进行,并对行政管理相对人因此而受到的财产损失依法予以补偿。我国《行政许可法》明确规定:"相对人依法取得的行政许可受法律保护,行政机关不得擅自改变已经生效的行政许可。如果行政许可所依据的法律、法规、规章修改或废止,或行政许可所依据的客观情况发生重大变化,行政机关为了公共利益的需要不得不改变或撤销行政许可,由此给行政相对人造成财产损失的,应当依法给予补偿。"

### 六、权责统一原则

权责统一原则,指行政机关必须采取积极的措施和行动依法履行其职责,擅自放弃、不履行其法定职责或违法、不当行使其职权,都要承担相应的法律责任。该原则包含两个子原则:

第一是行政效能原则。行政机关依法履行经济、社会和文化事务管理职责,要由法律、法规赋予其相应的执法手段,确保政令有效。

第二是行政责任原则。行政机关违法或者不当行使职权,应当依法承担法律责任。这一原则的基本要求是行政权力和法律责任的统一,即执法有保障、有权必有责、用权受监督、违法受追究、侵权须赔偿。

## 第二节　教育惩戒的基本原则

《规则》第四条规定:

实施教育惩戒应当符合教育规律,注重育人效果;遵循法治原则,做到客观公正;选择适当措施,与学生过错程度相适应。

可见,《规则》明确确立了三大教育惩戒基本原则,可将其称之为教育原则、法治原则与比例原则。

### 一、教育惩戒的教育原则

教师手持教育惩戒这把无形的"戒尺",并非要刻意体现教师的威权,而是要展现教师的大爱和智慧。每一位教师都要明白教育惩戒永远不是目的,教育才是根本宗旨,严格遵循《规则》规定的教育原则即"实施教育惩戒应当符合教育规律,注重育人效果"。在此,《规则》强调了"符合教育规律"与"注重育人效果"的有机结合,不符合教育规律的教育惩戒,肯定难以达到良好的育人效果;反之,凡是没有达到良好育人效果的"教育惩戒",极可能是违背教育规律与背离教育原则的产物。

笔者认为，坚持教育惩戒的教育原则，可从如下两个方面努力。

（一）教育惩戒需聚焦教育目标

惩戒教育与赏识教育一样，都不是教育的万能手段，教育必然是多管齐下久久为功的事业。根据美国著名的心理学家斯金纳的理论，惩戒的结果不会根除行为，只能抑制行为，尤其是失范行为的产生动机不会因单纯的惩戒而彻底消除。因此，教师与学校在行使教育惩戒时，应认识到惩戒教育效果的有限性。[①] 因此，教师与学校要尽量限制教育惩戒使用的频率，非必要惩戒绝不惩戒，能小惩戒绝不大惩戒，杜绝"为惩戒而惩戒"的无效"教育"行为。教育惩戒永远只是教育的手段，而非教育的目的，立德树人才是教育的根本目的。实践中那种高高在上以不可置疑的权威面目示人、挥舞情绪主义的"大棒"等做法，除了招致学生的反感、家长的投诉以及全社会的讨伐和斥责外，也必将失去教育惩戒的正义性基础，最终与教育目标渐行渐远。因此，在实施教育惩戒时，须臾不可偏离教育目标，一切教育惩戒都要服从并服务于教育目标。

（二）永葆教育惩戒的教育底色

杭州师范大学教育学院教授、副院长严从根强调：教育必须永远成为教育惩戒的底色，并且提出了四点要求。[②] 笔者认为，严教授的四点要求实际上很好地总结出了教育惩戒应当符合的四大教育规律：

一是"体面对待学生"。严教授指出，在任何情况下，教育惩戒主体都必须"对事不对人"，体面对待学生，不能因为学生行为失范而贬低学生作为人的人格和尊严，进行羞辱。为了体面对待学生，教育惩戒主体须因人施惩。同样的惩罚，对有的学生不存在人格和尊严的羞辱，对有的学生则存在人格和尊严的羞辱；对此时的学生可能不存在人格和尊严的羞辱，对彼时的学生则可能存在人格和尊严的羞辱。因此，为了充分尊重学生的尊严，不羞辱学生，教师需要了解学生，在规则范围内，根据学生的特点和所处的具体情境等艺术性施惩。

---

① 张婷.教师教育惩戒的伦理价值检视及其理性实现[J].当代教育科学，2016（14）：56-60.
② 严从根.让教育成为惩戒的底色.载于光明日报[J/OL].https://epaper.gmw.cn/gmrb/html/2020-02/18/nw.D110000gmrb_20200218_2-13.htm 2020-2-18/2021-7-16.

　　笔者认为,"体面对待学生"就是要求教育惩戒要符合"平等教育规律"。作为教育者与受教育者,在人格上是完全平等的,那种对学生动辄颐指气使或歇斯底里的教师,是最不受学生尊重的教师,那种动辄辱骂学生的教师更令人不齿。在实施教育惩戒的过程中,教师不戴有色眼镜,不怀任何偏见,必须确保实现两个方面的平等:其一是教师与学生要平等,教师不宜保留任何"特权"。比如说吸烟,尽管教师作为成年公民,在特定场合可以吸烟也有权吸烟,但吸烟对于未成年学生来说,是典型的失范行为,是受法律与校规校纪绝对禁止的。因此某些教师在学生面前毫无顾忌地吞云吐雾,对学生来说就是教师对"平等教育原则"的践踏。因此,作为"瘾君子"的教师,对自己的行为理应加以克制,以此来赢得学生的理解和尊重。其二是学生与学生要平等。教师绝不能因为个人好恶以及学生家境的好坏等无关因素进行"选择性惩戒"。当然这种平等,也是以区别对待为前提的,也就是"因人施惩",这是因人施教之教育规律以及教育惩戒之权利属性的具体体现。

　　二是"正义守护学生"。严教授强调,为了不侵犯学生的受教育权,教育惩戒需要合乎教育正义。

　　笔者认为,"正义守护学生"就是要求教育惩戒要符合"依法教育规律"。通过对学生实施教育惩戒,将法律正义以及其他规则正义根植于学生心田。关于该点,笔者将在其他相关部分再加以阐述。

　　三是"积极引导学生"。严教授认为,教育本质上是对学生的心灵产生积极影响,促使学生成长的一种活动。为此,教育惩戒必须对学生产生积极的引导作用:不能只惩不教,要一边惩一边教,一边罚一边引导。

　　笔者认为,"积极引导学生"就是要求教育惩戒要符合"启发教育规律"。从某种角度看,教育惩戒与课堂教学一样,都要求教师对学生主动积极加以引导与启发,都要求教师要懂得唤醒睡眠之中的学生。德国教育家第斯多惠对课堂教学的艺术有段精彩论述,同样可以用作教育惩戒的艺术,他说:"课堂教学艺术不是传授的艺术,课堂教育艺术是激发、启迪和活跃。但是你本身要是没有激发性,没有主动性,又怎么能去激发学生,去唤醒睡眠的人,又怎么能去活跃别人呢? 只有生命才能创造生命,死亡等于终止。因此希望你能尽量学会活跃!"[①]同理,教育惩戒的目的就是要去唤醒学生的规则意识与责任意识,去唤醒他们的友善与良知,因此,实施教育惩戒的教师必须正义凛然,办事公道,必须主动积极,懂得运用激发与启迪的教育惩戒艺术。

四是"耐心等待学生"。严教授认为,符合人身心发展的教育是慢的教育,是按照人的身心成长规律实施的教育。追求立竿见影的教育往往都是不明智的教育:扼杀学生学习的天性,脱离学生身心发展需求,强制性推进学生片面成长。对行为经常失范的学生而言,他们自主、自理和自强的能力差,纠正他们的错误需要更大的精力,更长的时间,因此,对于这些学生,教育更需要放慢节奏。但是很多教育者误以为教育惩戒具有强制性,它可以起到立竿见影的效果。其实教育惩戒对于某些受惩戒学生来说,往往也很难起到立竿见影的效果。对于成效不明显的惩戒,教师不可因此而怠慢学生,更不可放弃学生。教师要留给学生更充裕的时间让他们自我梳理和自我教育,要静下心来反思自己的举措,改善自己的方式和方法,耐心地与学生交流,按照学生心理需求和成长规律实施教育,运用更多方式方法打开学生的心结。也许永远都无法打开学生的心结,永远无法看到教育惩戒的实效,但作为促使人向善的教育者也不能因此放弃学生。用慢的心态对待失范的学生,陪着学生慢慢地度过学生期,是教育者应有的姿态。

笔者认为,"耐心等待学生"就是要求教育惩戒要符合"渐进教育规律"。对待问题学生,正如严教授所说的那样,我们要多点耐心与爱心,多点办法与智慧,多点从容与淡定,懂得"饭要一口口吃,路要一步步走"的道理,切勿产生"毕其功于一役"的焦虑或冲动。既然是与"神兽"们的战争,就必然注定是艰辛的持久战。也许,几十年后在某大街上晚来的师生意外重逢,当年某个"问题"学生的一句"谢谢老师当年一次次批评教育我"的话语,会让你刹那间感受到"静待花开"的美好境界!

## 二、教育惩戒的法治原则

中国的社会发展早已步入了全面依法治国的新时代,人们的法治观念也越来越强,学生与家长对依法执教与依法治校的呼声也越来越高。

---

[①] 李刚.用唤醒教学实现课堂高效初探[J].思想政治课研究,2019(02):146-147.

对于教育惩戒,切勿离开法治轨道任性而为。比如说体罚与变相体罚,完全是与教育惩戒格格不入的两码事,除极个别国家规定可以对学生可以实施身体上的体罚外,绝大多数国家对体罚学生都是明令禁止的,我国当然不会例外,而且在多部法律中均有明确规定。教师从事教育事业当然是无比光荣的,对学生行使包括教育惩戒在内的教育权力也同样是理所应当的,但是教师们千万不能因此跌入违规违法的深渊,那些与教师形象以及使命背道而驰的行为要坚决杜绝,始终坚持教育惩戒的法治原则,永远做到依法依规实施教育惩戒。

（一）明确谁可以实施教育惩戒

对于违规违纪的学生,谁可以或者说谁有权实施教育惩戒? 这似乎是一个很简单的问题,大家都会自然而然想到教育惩戒的实施者应该就是教师。其实,这种说法并不十分准确,且可能走入误区。

一般而言,如果学生违规违纪的情节轻微,其惩戒的实施主体应是主管教师,班主任负责教育惩戒的时候居多;若学生违规违纪的情节较严重,处分也相对会比较严重,这时的惩戒权则在学校,学校或校长代表教师群体来实施惩戒,在法定情况下,学校的德育工作负责人或外聘的法治副校长也可代表学校对学生实施惩戒。[①] 当然,学生超越了校园规范的违法行为,学校已经无权处理,应由司法机关来处理。

因此,教育惩戒行为不是任何人随便可以实施的,其他未经法律授权的个人和组织不得成为惩戒的实施主体,也就是说不拥有教育惩戒权。据此,我们可以得出结论:班干部没有惩戒其他同学的权力,学校没有代表司法机关处理学生违法行为的权力,教师个人也没有对学生做出严重处分的权力。了解了这些,教师们就不会转嫁教育惩戒权或越权行使教育惩戒了。

（二）明确惩戒学生什么行为的问题

教育惩戒的对象是什么? 这是我们实施教育惩戒时必须弄清楚的关键问题。教育惩戒的对象应是学生的违规违纪,即特定越轨行为,而不能是学生个人或其身体、心灵,也就是说,要确保惩戒客体的正当性。

---

① 郑立平.尊重不等于放任.载于中国教育报 [J/OL].http: //paper.jyb.cn/
zgjyb/html/2012-03/09/content_61062.html. 2012-3-9/2021-7-18.

教育者永远不能忘记,作为教育手段之一的惩戒方式,其根本目的在于促进学生行为的规范,其针对的只能是越轨行为本身。[①] 在判断学生的行为是否越轨时,要注意以下几点:学生的行为确实违反了学校或班级的规定;这种违规行为确实对班级或学校纪律产生了破坏,客观上造成了一些危害,不惩戒就无法维护正常的教育教学秩序,就不能保证学生个体的教育利益及健康发展;学生违规行为的危害确实是由于学生自身有过错与过失造成的;对于这些越轨行为,学生本来有能力控制其发生与发展,但学生未进行控制等。如果学生的违规行为满足了上述四点,教师在确有必要时就可以实施教育惩戒。

一般来说,学生的行为较少影响他人时,如不专心听课、作业因故未完成等,这仅是学生的个人行为,教师一方面要反思自己的课堂艺术是否有待提升,以及反思作业是否布置得太多,另一方面可通过合理的方式方法加以引导,不宜轻易挥舞惩戒的"大棒"。如果是严重影响教育活动正常秩序的行为,如携带危险物品入校、扰乱课堂、打架等,教师或学校则必须给予严厉的教育惩戒以及采取其他措施加以处理。

(三)实施教育惩戒应遵循一定的程序[②]

我们都知道,教育惩戒的程序是从法律实施中借用过来的,特别是实施严厉的教育惩戒应该像法律那样规范化,按照一定的程序实施。因为这样可以有效地保护学生或教师的正当利益,防止他们受到不良侵害。教育惩戒程序的适当,要求程序本身合理、合法,实施步骤上要公平、公正。为确保教育惩戒程序的适当,学校或教师需要做到以下几点。

第一,要对学生的违规违纪行为做充分的调查,学校或教师要充分了解学生的违规违纪情况,保证调查客观公正,并如实做好记录。

第二,在做出一些严厉的教育惩戒之前,要让学生和学生家长了解,允许其提出申辩意见,然后学校或教师再形成具体的处分决定。这样可以充分保障学生的权利,防止学校或教师的惩戒失当。

第三,适当公布教育惩戒信息。教育惩戒作为特殊的行政行为,应像司法公开那样,奉行适当公开原则:选择一些适宜公开的违规违纪行

① 郑立平.尊重不等于放任.载于中国教育报[J/OL].http://paper.jyb.cn/zgjyb/html/2012-03/09/content_61062.html. 2012-3-9/2021-7-18.
② 杨修国.教育惩戒权的依法规制与合理行使[J].现代职业教育,2019(02):212-213.

为,并确保不会给学生心灵带来二次伤害的情况下,进行公开惩戒。公开惩戒的目的与价值在于,一方面可接受广大学生监督,实施"阳光惩戒",另一方面是寻求学生们的民主支持,创造舆论环境。根据我国著名的教育家陈桂生的研究,受到教育惩戒的学生是否觉得某种行为可耻,取决于其所在群体的舆论态度。只有惩戒能够引起违规违纪者的羞耻感,这种惩戒才能够产生应有的教育效果。[①]因此,合适的群体环境与适当的舆论影响,有助于教育惩戒的有效实施。

此外,在教育惩戒后也可适当公开以让相关家长了解惩戒结果,特别是对涉及大多数学生利益的违规行为的教育惩戒,但是这种公开应当特别注意对学生隐私权的保护,不能在公开时披露有损学生隐私或人格的内容。

第四,学校要建立教育惩戒档案,它是对学校处分决定的记录,包括将处分结果记录在学生学籍档案中和学校有关部门的档案材料中。当然,上述讨论主要是针对一些比较严厉的教育惩戒而言的,不代表教师的所有教育惩戒都要按照上述步骤实施。但是,根据具体情况,尽量规范教育惩戒是非常必要的。

### (四)防止教育惩戒侵犯学生的法定权利

我国《未成年人保护法》指出了学生作为未成年人所具有的一些权利,比如学生具有受教育权、人身权等权利,这些权利又包含了一些细小的权利。惩戒学生本身是教师基于自己的职业所拥有的一种权利,同时也是教师应尽的义务。但是,由于目前国内还没有教育惩戒的相关规定,所以教师在操作时缺乏具体指导,随意性很大,再加上教师惩戒权的行使往往是以行政管理方式出现的,惩戒双方的权益不对等,带有一定的强制性。在这种情况下,教师在惩戒过程中享有较大的自由裁量权,这更加深了学生在惩戒中的弱势地位和无力状态。[②]这就需要对教育惩戒领域中的学生权利保护给予特别关注,要求教师在行使教育惩戒时做到合法、合理、公正,最大限度地防止学生的权利受损或被侵害,并在事后提供可行的救济措施及渠道,切实维护学生的合法权益。但是,

---

① 张婷.教师教育惩戒的伦理价值检视及其理性实现[J].当代教育科学,2016(14): 56-60.

② 李小伟,沈祖芸.教育惩戒,在雷池边缘行走[N].中国教育报,2002-12-28.

这并不是说教育惩戒遇学生权利而色变。比如,管理权与学生人身权之间发生冲突时,不能认为凡涉及学生人身权的处罚方式就是违法的,因为只要该处罚确实有助于学校教育目的的实现,并不超过必要的限度,就可确认其合法性。[①]再比如,教育惩戒与学生隐私权之间发生冲突时,学校虽然无搜查权力,但当学校或学生面临严重安全威胁时,只要符合事先声明、合理怀疑、时机紧迫等条件,就可以采取适度"损害"学生隐私权的行为。

### 三、教育惩戒的比例原则

比例原则又称为利益均衡原则,即要求在做出教育惩戒决定时,需要衡量教育惩戒所追求的目标和对学生权益造成的损害之间的关系,只有当两者之间不存在明显失衡的情况下,教育惩戒决定的做出才是合理的。[8]这在一定程度上可以避免教育惩戒权的滥用。除此之外,比例原则还包括另外两个部分,即适当性原则和必要性原则。

一方面,适当性原则要求教育惩戒决定做出的目的必须是正当的,所采取的教育惩戒手段必须能够促成该目的的实现。学校教育的根本目的就是育人,通过教育培养德、智、体、美等方面全面发展的社会主义建设者和接班人,教育惩戒不能单纯以对违纪学生进行惩罚为目的,主要还是以惩戒为手段使违纪学生认识到其失范行为的危害性及自身的错误,从而在今后的学习生活中改进。[②]由此可见,教育惩戒决定的做出必须存在让人相信的合理理由,尤其是涉及学生身份的教育惩戒更应当谨慎适用。

另一方面,必要性原则又称最小侵害原则,要求教育惩戒决定所采取的惩戒手段应当是多种可供选择的手段中最温和、对学生权益限制最小的手段。惩戒手段是否适当,应就每一个案来考虑。[③]教育惩戒的教育效果不是和严厉程度成正比的,有时甚至成反比,教育惩戒的次数也绝非越多越好,应坚持适当原则,恰当、适时地进行教育惩戒。

此外,教师在施行惩戒教育时,要依据法律法规和规章制度,并且应

① 郑杰.惩戒学生就那么难? [J].思想·理论·教育,2005 (24): 24-27.
② 王晓强,戴栗军.教育惩戒权的行政法规制[J].高教探索,2020 (01): 24-30.
③ 王晓强,戴栗军.教育惩戒权的行政法规制[J].高教探索,2020 (01): 24-30.

当切实注意掌握好适当的"度"。对于"度"的把握有三个标准：一是老师采取惩罚时要符合学生身心发展特点，目的明确得当。超过学生心智可以接受的或是不尊重学生人格的行为就是体罚。二是要了解学生犯错误的原因，对症下药。要配合正面教育和情感交流进行，而不是一味简单、粗放地进行惩罚。学校惩戒要以对学生的保护为主，绝对不能伤害学生的身心健康。[①] 三是要注重运用"免于处罚"的特殊惩戒方式，即对学生的违规违纪行为予以确认，但如其系初次违规违纪或者危害不大的，可仅做一般意义上的批评警示，而不做具体惩处，真正做到以人为本，立足发展，掌握分寸，能轻惩则绝不重罚。

---

① 安徽肥西师范罚迟到学生楼前"示众"引争议. 载于搜狐网 [DB/OL].http：//
news.sohu.com/20120502/n342121250.html. 2012-5-02\2021-7-21.

# 第三章 教育惩戒的实施情形

《规则》第七条规定：

学生有下列情形之一，学校及其教师应当予以制止并进行批评教育，确有必要的，可以实施教育惩戒：

（一）故意不完成教学任务要求或者不服从教育、管理的；

（二）扰乱课堂秩序、学校教育教学秩序的；

（三）吸烟、饮酒，或者言行失范违反学生守则的；

（四）实施有害自己或者他人身心健康的危险行为的；

（五）打骂同学、老师，欺凌同学或者侵害他人合法权益的；

（六）其他违反校规校纪的行为。

学生实施属于预防未成年人犯罪法规定的不良行为或者严重不良行为的，学校、教师应当予以制止并实施教育惩戒，加强管教；构成违法犯罪的，依法移送公安机关处理。

本条分为两款，第一款规定的内容为学校及其教师可以对学生实施教育惩戒的六种情形，其中第（六）项"其他违反校规校纪的行为"属于立法技术上的兜底条款与授权条款。一方面，本条款所列的其他五种可给予教育惩戒的情形肯定属于违反校规校纪的行为，但违反校规校纪的其他行为肯定还有需要给予教育惩戒的情形，因此在此规定该"兜底条款"很有必要；另一方面，《规则》在此实际上是授权学校根据学校的实际情况，制定符合校情的校规校纪，对可给予教育惩戒的情形做出更为详尽与切合实际的规定，以达到教育惩戒设定的初衷与目的。

第二款规定的内容涉及《规则》与我国《预防未成年人犯罪法》的衔接问题，一旦学生实施的是违反我国《预防未成年人犯罪法》的"不良行为或者严重不良行为"，学校、教师首先应当予以制止并根据《规则》或者校规校纪的规定实施相应的教育惩戒，加强管教。如果学生的行为涉嫌违法犯罪了，就不是教育惩戒能解决的问题了，应尽快依法移送公安机关依法处理。

# 第一节　实施教育惩戒的前提条件

教育惩戒作为对违规违纪学生特殊的"行政处分",必须完全满足如下前提条件,方可实施。

## 一、学生违规违纪事实清楚且证据确实充分

一般而言,教师在教育管理学生过程中亲自发现的学生情节较为轻微的违规违纪行为,基本上不会存在事实与证据上的争议,因为教师可对其当场实施教育惩戒。但对于情节较重或严重的违规违纪行为,由于要实施的是较重教育惩戒或严重教育惩戒,则可能导致学生与家长的投诉、举报,因此一定要查明违规违纪事实,且基本事实都有相应证据予以佐证,这样才能让合规正当的教育惩戒立于不败之地。

## 二、学生主观上存在违规违纪的故意或重大过失

学生的违规违纪不但要求是已经发生的客观行为,一般还要求行为人存在主观过错,以达到主客观的高度统一。笔者认为,《规则》中学生不服从管理、扰乱课堂秩序以及欺凌同学等绝大部分违规违纪行为,必须要求当事学生在主观上存在"明知故犯"的故意,当然某些行为在存在重大过失的前提下也可能要予以追责,比如说学生实施有害自己或他人的危险行为。

有学者指出,一定要杜绝教育惩戒领域的"唯结果论"倾向。教育惩戒是针对学生的违规违纪行为而采取的一种教育手段,但当学生的某一过错行为可能恰好是另一正当行为的结果,比如说某学生因照顾生病奶奶而迟到,或者说该违规违纪行为在主观上没有过错甚至还具有正当性,如果我们简单地惩戒结果性行为,无疑是不公正的。因此面对某违规违纪行为,必须进行行为是否具有无主观过错或者该行为是否具有其他正当性的考量,而不是单纯关注结果。当然,动机正当,结果并不一定正当,甚至可能明显违规违纪,但这时仍不宜对学生进行教育惩戒,因为该行为具有可不罚或免罚的属性。历史上著名的"司马光砸缸"就是

典型例证,砸缸是破坏他人财产的失范行为,这是结果,似乎可以对其实施惩戒措施。但其动机是为了救人,具有紧急避险的正当性,从这个意义上说,又不能予以惩戒。[①] 因此,教师与学校在实施教育惩戒时,切忌不分青红皂白教条般地奉行"唯结果"论,务必认真考察前因后果,做到惩戒公平公正。

当然,在实践中要求教师与学校查明学生的每一起违规违纪行为是否存在主观过错以及其动机是否正当,是根本不现实的。因此,既要保证教育惩戒的严肃性,也要保证其可操作性。笔者建议,面对学生客观上已经发生的违规违纪行为,如果学生能举出证据证明其无主观过错,则不应对其实施教育惩戒。也就是说,要确保学生举证证明其不具有主观过错的权利,这既可实现教育惩戒的公平公正,也能确保教育惩戒的高效实施。比如,学生连续几次上学迟到,在决定给予其教育惩戒前应当要进行必要的调查了解,要允许与听取学生陈述与申辩,如果学生上学迟到具有"扶老奶奶过马路"等正当事由,则不仅不应实施教育惩戒,反而要给予表扬和鼓励。

在这方面,苏联著名教育实践家与理论家苏霍姆林斯基给我们留下了一段佳话。一天,他看到一个小女孩在学校的花房里摘下了一朵玫瑰花,但其没有立即批评小女孩的违规违纪行为。他弯下腰友善地问孩子摘花送给谁,小女孩怯怯地告诉他因奶奶病得很重,她为了让奶奶开心就告诉奶奶学校有一朵大玫瑰花,但奶奶有点不信,于是她想摘下来送给奶奶看一下,看完后就把花送回来的。听了孩子天真的回答,苏霍姆林斯基的心颤动了,他牵着小女孩的手,从学校的花房里又摘下两朵大玫瑰花,对孩子说:"这一朵是奖给你的,你是一个懂得爱的孩子;另一朵是送给你妈妈的,感谢她养育了你这样好的孩子。"在此,苏霍姆林斯基没有采用简单的责罚的教育方式,而是弄清事情的原委和教育对象的主观善意,变惩戒为表扬,取得了很好的教育效果。[②]

### 三、要存在实施教育惩戒的客观必要性

实施教育惩戒还要以"确有必要"为基本前提,正确理解与把握这

---

① 张婷.教师教育惩戒的伦理价值检视及其理性实现[J].当代教育科学,2016（14）：56-60.
② 梁伟.教育应是有温度的[J].福建教育：德育（F版）,2014.

种必要性,是掌握好教育惩戒这门教育艺术的根本保证。面对学生出现可给予教育惩戒的情形,学校及其教师首先应采取的措施是予以制止并进行适当的批评教育,然后学校或者教师要对"制止与批评教育"的效果进行评估,经评估后达成应实施教育惩戒的内心确信或者基本共识,也就是说"确有必要的",方可依法实施教育惩戒。

笔者认为,这种评估可能是严格的要式行为,比如说学生有严重的违规违纪行为,且又屡教不改,则学校可对"制止与批评教育"的效果进行集体评估,并根据一定程序达成是否应当实施教育惩戒的共识或者决定。

当然,这种评估也可能是教师较为简单的内心确信达成过程,不需要经过复杂严苛的程序,比如说对于学生扰乱课堂秩序且情节轻微的行为,教师在予以制止并批评教育后,如果该学生当场改正或认错,教师的"制止与批评教育"达到了预期目的,则实施教育惩戒就没有任何"必要性",此时教师可及时恢复正常的教学活动;如果该学生不听制止仍然我行我素的,则教师在内心评估后即可当场实施教育惩戒,或者视其情节轻重提交学校处理。

## 第二节 可实施教育惩戒的主要情形

### 一、不服从行为

(一)不服从行为的认定

根据《规则》第七条第一款第(一)项之规定,所谓不服从行为,是指学生故意不完成教学任务要求或者不服从教育、管理的行为。

很明显,这里的不服从必须是学生的"故意"行为,包括故意不完成教学任务要求以及故意不服从教师的教育与管理等两个方面的行为。

一般而言,绝大多数未完成家庭作业的学生都不是故意不完成教师布置的"教学任务要求",有些情形下未完成家庭作业是家长责令孩子按时睡觉的结果,如在上述情况下随意实施"教育惩戒",则背离了制度设定初衷,更可能严重激化家校矛盾。因此,对于未完成家庭作业的学生,教师可认真审视自己布置的作业是否超出了适当的范围,同时更要认真调查其未完成作业的客观原因,只有对于那些屡次故意不完成适当家庭作业且不听批评教育的学生,才具备实施"教育惩戒"的基本前提。

其实,中小学生作业负担过重的问题已经引起了党中央与国务院的高度关注,并在积极进行改进和完善顶层设计。据新华社北京2021年7月24日电,中共中央办公厅、国务院办公厅于近日印发了《关于进一步减轻义务教育阶段学生作业负担和校外培训负担的意见》,要求全面压减作业总量和时长,减轻学生过重作业负担,并提出了如下五个方面的明确要求。

第一,健全作业管理机制。学校要完善作业管理办法,加强学科组、年级组作业统筹,合理调控作业结构,确保难度不超国家课标。建立作业校内公示制度,加强质量监督。严禁给家长布置或变相布置作业,严禁要求家长检查、批改作业。

第二,分类明确作业总量。学校要确保小学一、二年级不布置家庭书面作业,可在校内适当安排巩固练习;小学三至六年级书面作业平均完成时间不超过60分钟,初中书面作业平均完成时间不超过90分钟。

第三,提高作业设计质量。发挥作业诊断、巩固、学情分析等功能,将作业设计纳入教研体系,系统设计符合年龄特点和学习规律、体现素质教育导向的基础性作业。鼓励布置分层、弹性和个性化作业,坚决克服机械、无效作业,杜绝重复性、惩罚性作业。

第四,加强作业完成指导。教师要指导小学生在校内基本完成书面作业,初中生在校内完成大部分书面作业。教师要认真批改作业,及时做好反馈,加强面批讲解,认真分析学情,做好答疑辅导。不得要求学生自批自改作业。

第五,科学利用课余时间。学校和家长要引导学生放学回家后完成剩余书面作业,进行必要的课业学习,从事力所能及的家务劳动,开展适宜的体育锻炼,开展阅读和文艺活动。个别学生经努力仍完不成书面作业的,也应按时就寝。引导学生合理使用电子产品,控制使用时长,保护视力健康,防止网络沉迷。家长要积极与孩子沟通,关注孩子心理情绪,帮助其养成良好学习生活习惯。寄宿制学校要统筹安排好课余学习生活。①

（二）惩戒价值

教师们一般习惯于将学生的不服从教育与管理的行为形象地称之为"顶牛"。通过对那种"老子天下第一、目空一切"的故意"顶牛"行为实施教育惩戒，让学生明白服从教师与学校统一管理的重要价值，进而培养学生的服从观念。

一个班级是个小集体，学校相对而言是个大集体，那么整个社会就是一个超大的大集体。要让每一个学生明白，服从是行动的第一步，既然处于服从者的位置，那就需要遵照学校与教师的指示做事，所有学生都要暂时放弃个人的独立自主，全心全意遵循学校的价值观，服从教师正当的教育与管理。唯如此，班集体才会焕发出勃勃生机，校园里才会书声琅琅、秩序井然。

总之，学生张扬个性没有错，但服从应该服从的，同样没有错，更能体现一个人的素质与品德。尤其在法治社会，对规则的服从绝非卑微，而是一种美德。在特定的情况下，还要强调绝对的服从，绝对服从才会有绝对效率。过度强调个体独立与追求自由，必然以牺牲集体利益为代价，进而最终也会葬送自己的小利益。

不过，对于学生不服从行为的教育惩戒，可能会经常碰到令人十分尴尬的情形，那就是教育惩戒可能会出现"惩戒失灵"的情况。因为导致学生不服从教育与管理的因素很多，有基于学生"老子天下第一、目空一切"而产生的，也有因教师的教学理念与方式不当而产生的，如果是第二种情况，则对学生实施教育惩戒既不公平也不会产生应有的效果，因此作为教师应深刻反思学生不服从产生的根源，是学生的错，则可教育惩戒之，是自身的问题，则努力改善之。

那么，在实践中教师的哪些行为容易导致学生不服从行为的出现呢？可以概括为如下两个方面。

一是容易让学生反感的行为，比如说事无巨细都包办，喋喋不休如"话痨"。好比学生不会喜欢管得太宽太细的家长一样，学生也同样反感

---

① 中华人民共和国教育部.中共中央办公厅 国务院办公厅印发《关于进一步减轻义务教育阶段学生作业负担和校外培训负担的意见》[EB/OL].http: //www.moe. gov.cn/jyb_xxgk/moe_1777/moe_1778/202107/t20210724_546576.html. 2021-7-24/2021-7-26.

类似的教师。比如说一次学业考试某些学生的成绩略有下降,或者说大扫除因窗户未一尘不染而未受到学校表扬,等等,这些其实都是很正常的现象,老师们只要善于鼓励与引导,一两句话就可让学生明白要努力或精益求精的道理。如果老师为此揪住不放,用学生耳熟能详的"正确废话"为学生上政治课,必将导致学生的反感与抗拒,对教师所讲的漠然处之或一笑了之。因此,教师尤其是班主任,要善于在班上建立民主管理机制,调动学生参与班级管理的积极性,做到有所为有所不为,则可有效减少学生反感的可能性。此外,在对学生进行教育时,把道理讲清楚就行,同时要提升说教艺术,不要用千篇一律的"废话"日复一日地去"折磨"正在成长之中的孩子们。

二是容易让学生怨恨的行为,比如说动辄冷嘲热讽,高高在上如旧时官僚。教师作为"传道授业解惑"者,学生作为受教育者,二者的角色与地位不可颠倒,必须强调"师道尊严"的价值,这种强调不会因时代的变迁而过时,因此二者具有法定的某种不平等性。但是,在人格尊严上,二者又绝对是平等的,绝不允许以"师道尊严"为名去侵害学生的人格尊严等基本权利。但是,我们有的教师对师生关系的拿捏并不十分到位:在自己的学生面前,总是不忘随时摆出一副"高高在上"的架子与"盛气凌人"的样子,每当碰到学生出现一丁点小问题时,似乎找到了彰显教师威权的良机,"官僚主义"派头就来了,话语中或明或暗的吓唬、嘲讽甚至贬损的味道都出来了。究其根源,还是在于这些教师缺乏起码的平等教育与平等待人理念,不懂得尊重学生,实际上就是不懂得尊重自己,不懂得尊重教师这门高尚而神圣的职业,其结果必然是让学生心生怨恨,并可能让事情走向其反面①。

因此,要想让学生真正服从教师的教育与管理,教师可从完善自己的教育理念与教育方式开始,教师要善于营造有温度的话语环境,学会换位思考与平等待人,无论如何不侵害学生的人格尊严,不将学生推向自己的对立面,确保达到令人满意的教育效果。

综上所述,我们在分析学生不服从行为这个问题上,绝不能把学生自身的原因无限放大,我们完全可以静下心来,认真找找我们自身可能存在的原因,提升教育管理艺术,增进教育管理情怀。如果教师真正成

---

① 神龙跨三江.当今学生为何不服从教育与管理.载于新浪博客[DB/OL].http: //blog.sina.com.cn/s/blog_97e1e28d0102ux9f.html.2014-7-19/2021-7-26.

为学生的良师益友,赢得了学生的尊重与信赖,则不服从教育与管理的现象必将越来越少,师生关系也将越来越融洽和谐,广大中小学教师应当有这个信念与信心!

### 二、扰乱秩序行为

（一）扰乱秩序行为的认定

根据《规则》第七条第一款第（二）项之规定,所谓扰乱秩序行为,即学生扰乱课堂秩序、学校教育教学秩序的行为。

在中小学课堂上,学生故意扰乱课堂秩序的现象时有发生,造成这种现象的原因很多,有的是学生为了吸引别人的关注,有的是为了自我"保护",有的是为了宣泄某种不满,当然也有无事生非甚至故意挑衅的。

此外,扰乱其他教育教学秩序的行为也随处可见。[①]比如说学生在参加升国旗仪式时,本应自觉立正,行注目礼,少先队员行队礼,但有的学生偏偏自由散漫,在升旗过程中说说笑笑,嬉戏打闹,不成体统,教师在制止且批评教育无效的情况下,就可以对其实施教育惩戒。

当然,学生扰乱课堂秩序与学校教育教学秩序的行为,有时并非故意而为的,而是在从众心理驱使下的产物。因此,笔者认为实施教育惩戒的对象不宜扩大,任意扩大"惩戒面"很可能会适得其反,要实施精准"惩戒",那就是惩戒那些故意扰乱秩序的学生以及扰乱秩序为首的学生。

（二）惩戒价值

学校是个小社会,因此秩序至关重要,没有良好的秩序一切都无从谈起。通过对扰乱课堂秩序与学校教育教学秩序行为的惩戒,可培育学生应有的秩序观与公序良俗价值理念。

笔者多次强调过,教育惩戒的目的是敦促学生认识与改正错误,促进学生的社会化发展,因为学生在一定阶段终究要进入社会。在社会生活中,任何人都不能触犯法律,都不能扰乱社会秩序,严重者将受到行政制裁甚至刑事制裁。如果对于学生在校期间故意扰乱课堂或者教

---

① 教育那些事儿.教育的戒尺究竟应该举多高.载于搜狐网 [DB/OL].https: //www.sohu.com/a/442600517_100279024　2021-1-5/2021-7-26.

育教学秩序的行为,教师可以百般容忍或者视而不见,则学生就无法树立起应有的秩序观,也无法形成应有的公序良俗理念。我们不能确保这种教育惩戒能让每一个孩子都能在成年后遵纪守法,也就是说教育惩戒绝不是万能的,但缺乏了必要的教育惩戒肯定是学校与教师的失职。在2018 年开始的全国"扫黑除恶"专项斗争中,不知有多少涉嫌寻衅滋事等违法犯罪行为的青少年学生被绳之以法。他们之所以走上违法犯罪的道路,正常秩序观与价值观的严重缺失无疑是其重要根源,而这又可能与其就读学校当初的不敢管不善管不无关联。

### 三、行为失范

#### (一)行为失范的认定

根据《规则》第七条第一款第(三)项之规定,所谓行为失范,是指学生吸烟、饮酒,以及其他违反学生守则的行为。

当然,《规则》在此并未就学生行为失范的内涵进行明确界定,仅仅对学生行为失范的表象与范围进行了概括性的规定,一是实践中学生体现得最为突出的行为失范,即"吸烟、喝酒",二是因言行违反学生守则的失范行为。不过,学理上的"行为失范"其范围比《规则》确定的要更广,泛指学生的各种不良表现与言行。

实践中,行为失范主要体现为学生在文明礼仪方面明显违反守则或超越规范,如制止与批评教育无效的,就可以对其给予教育惩戒。比如,学生的言行举止以及穿着打扮应当符合学生身份,不能染发烫发,不能留怪异发型,不可以随地吐痰,也不可以吸烟与饮酒,考试要遵守考试纪律,不能作弊,但有的学生偏偏要和这些规定对着干。此外,根据学生守则或者校规校纪的规定,学生应尊重师长,遇到老师、长辈要主动问好,对师长和客人要热情、有礼貌,要主动问好、主动让座、礼让先行,进入校长与教师办公室要先敲门,经允许后方可进入等等[1]。但遗憾的是,有的学生连起码的文明意识与规则意识都没有,言行极其不文明,把脏话、痞话当成口头禅,在课堂或学校等公共场所故意大声喧哗,还有的故意顶撞、辱骂老师。对于这样的学生,理应给予必要与适度的教育

---

[1] 教育那些事儿.教育的戒尺究竟应该举多高.载于搜狐网[DB/OL].https://www.sohu.com/a/442600517_100279024　2021-1-5/2021-7-26.

惩戒。

（二）惩戒价值

对行为失范的学生进行教育惩戒,实际上是关爱学生身心健康,通过矫正学生的失范行为,切实提升学生文明素养。更为重要的是,对学生吸烟、喝酒等失范行为进行制止与批评教育,对其中屡教不改的进行适度教育惩戒,让学生们对吸烟、喝酒的失范行为心存顾忌,是预防未成年人犯罪的重要途径。实践证明,走上违法犯罪道路的青少年许多都是在学生时代惹上吸烟喝酒等恶习的,这种现象必须引起我们的高度重视。在学生年龄小且心智尚欠成熟的时候,这种从严管教包括教育惩戒,必然会使学生受益终身。

笔者注意到,一方面,"吸烟有害健康"这句耳熟能详的话语已经深入人心,"未成年人不能吸烟"以及"不宜饮酒"的观念也早已成为众所周知的基本常识。更为重要的是,我国法律对禁止未成年人吸烟与饮酒也有明确规定。我国《预防未成年人犯罪法》第二十八条将"吸烟、饮酒"明确界定为对未成年人身心健康有害的"不良行为"。我国《未成年人保护法》第五十九条也明确规定:学校、幼儿园周边不得设置烟、酒、彩票销售网点。禁止向未成年人销售烟、酒、彩票或者兑付彩票奖金。烟、酒和彩票经营者应当在显著位置设置不得向未成年人销售烟、酒或者彩票的标志;对难以判明是否是未成年人的,应当要求其出示身份证件。任何人不得在学校、幼儿园和其他未成年人集中活动的公共场所吸烟、饮酒。我国《烟草专卖法》第五条第二款规定:国家和社会加强吸烟危害健康的宣传教育,禁止或者限制在公共交通工具和公共场所吸烟,劝阻青少年吸烟,禁止中小学生吸烟。

另一方面,我国预防学生吸烟喝酒的社会环境却不容乐观。笔者的一次调研可证实该问题的存在:某县城城郊中学,伴随着放学铃声响起,学生们成群结队走出了校门,很快,校园周围的多家小饭店和小卖部门前就排起了长队。笔者发现,有部分身穿校服的未成年学生居然前往小卖部购买香烟,但老板娘并未加以阻止,反而是照卖不误。学生们离开小卖部后并没有走远,而是在附近某角落吞云吐雾。

上述两个方面看似矛盾的问题令我们忧虑:为什么未成年人吸烟有禁无止?谁又应该负起责任?对于这些无处不在的"低龄烟民",我们绝不可漠视不管。广大家长要以身作则,给孩子营造一个"无烟"的家庭环境,发现孩子惹上吸烟等不良恶习时要及时加以制止并严加管教。社会也要担负起自己的使命,有关部门切实扛起监管责任,严惩向未成年人出售香烟等一切违法行为,齐心协力为未成年人营造健康的生活净土。学校有必要采取多样化的举措加强对学生的管理和教育,并用适当的教育惩戒措施,努力遏制未成年学生吸烟饮酒的低龄化趋势。

## 四、实施危险行为

### (一)危险行为的认定

根据《规则》第七条第一款第(四)项之规定,学生实施危险行为即学生实施有害自己或者他人身心健康的危险行为。

笔者注意到,教育部《学生伤害事故处理办法》用了一个内涵基本相同的表述"学生行为具有危险性",该《办法》第十条规定,学生行为具有危险性,学校、教师已经告诫、纠正,但学生不听劝阻、拒不改正,并造成学生伤害事故的,学生或者未成年学生的监护人应当依法承担相应的责任。

但是,并没有任何法律法规或其他规范性文件对学生的"危险性"行为的内涵以及范围进行明确界定,我们认为,学生实施的"危险性行为"范围十分广泛,包括但不限于:导致各种非故意伤害的行为,如溺水、坠伤或者食物中毒等;导致各种故意伤害的行为,如打架、暴力、自杀、自伤、自残、精神抑郁、孤独、绝望等;各种物质成瘾行为,如吸烟、饮酒、滥用药物(精神活性药物或毒品)等;精神成瘾行为,如游戏机成瘾、网络成瘾、色情读物成瘾、赌博等;过早的性行为等。[①]

可见,危险性行为是一个范围及其宽泛的概念,一切有损学生自身与他人身心健康的行为都可以被纳入其中。不过,上述"危险性行为"中的"吸烟、饮酒"可认定为"行为失范"予以教育惩戒,"打架、暴力"等可根据校园欺凌等"侵权行为"予以教育惩戒,这一点在适用时务必予以高度注意。

笔者所在的教育法律服务团队在多年为学校服务的过程中,经常会

---

① 郭少聘.青少年强化敏感性、自我控制能力与危险行为的关系研究[D].长沙:湖南师范大学,2010.

碰到校领导或班主任等反映与咨询与学生相关的危险行为,为便于学校、教师便于识别学生危险行为并及时处理,笔者将这类行为的基本特征概括如下:

第一,具有较大的隐蔽性。某小学四年级男生在其电子手表里藏有数张黄色图片,在下课期间偷偷摸摸与其他同学"欣赏",该行为持续了几个月之后才被班主任老师发现并联合家长进行了处理。对于学生之间存在的这类危险行为,教师与学校应主动出击,动员学生与家长的集体力量,建立一整套完善的发现与处理机制,做到早发现早处理,尽可能将类似危险行为的危害性降到最低。

第二,具有较大的诱惑性。某小学五年级的女生在家上网时受到不良网站的引诱,以实现"作家梦"就必须体验生活为由,在手腕上进行"自残"体验,即用小刀在手腕上划出一道道鲜红的触目惊心的"痕迹"。不良网站"指导老师"的教唆方式是:要想写出痛苦的感受,就必须亲身体验痛苦的感觉。于是,她不但自己多次自残,还动员了班上其他三名同学集体进行"自残"体验。

笔者认为,中小学生尤其是小学生,作为限制民事行为能力人与无民事行为能力人,其辨别是非善恶以及控制情绪与身体的能力都与成年人不同,但其模仿能力却不亚于成年人。因此,部分中小学生容易因模仿而做出各类危险行为来,对自己和他人的身心健康都会带来不利的影响。

第三,具有较大的危害性。比如说学生的结伴私自下河游泳,危害极大,"溺水"已经成为针对青少年学生的头号杀手!据新华网报道,我国每年约有 5.9 万人死于溺水,其中未成年人占据了 95% 以上,农村儿童溺水死亡率远高于城市。随着暑假来临,气温攀升,2021 年 6、7 月间,全国已发生 20 余起青少年溺亡悲剧,有的甚至是多人同时溺亡,仅 7 月上旬,媒体就报道了多起重大溺水事故:

7 月 7 日,山西永济 6 名放假在家的学生,在黄河边玩耍后失踪。当地连夜组织救援,6 名孩子有 5 名被找到,遗憾的是均已遇难,另有 1 人失踪;7 月 10 日,湖南湘潭发生一起意外溺水事故。溺水 5 人搜救上岸后送医均未能救活;7 月 13 日,河南驻马店 6 名学生在公园内溺水,在被送往医院时已经全部确认身亡。

尽管以上事故均发生在暑假,因此学校并无任何法律责任。但是,面对如此之多鲜活生命的离去,警钟必须长鸣!

如何应对溺水威胁,世界卫生组织曾从社区层面给出建议:通过安装屏障来控制与水域的接触;为学龄前儿童提供远离水域的安全场所,并加强对儿童的监管;教学龄儿童基本的游泳和水上安全技能;对大众进行安全救援和复苏等专业训练;强化公众安全意识并强调儿童的脆弱性。

在政策和立法方面,世界卫生组织认为应该制定和执行安全划船、航运和渡轮规定;建立当地和全国范围内的良好应对能力并管理水灾风险及其他危害;与其他部门共同协作防范溺水;制定国家水域安全计划。

对于学校而言,应该做到未雨绸缪:一方面在班上进行摸底调查,哪些学生会游泳,哪些学生不会游泳,告知不会游泳的学生绝对不能下水游泳,告知会游泳的学生不要在陌生水域游泳,在征得家长许可、确保绝对安全的情况下方可"到中流击水",因为会游泳并非可靠的安全保障,对于农村孩子而言,在水边生活可能略微懂一些水性,但知识不规范,没有经过系统和正规的训练,河湖水情复杂,一旦陷入暗流旋涡、被水草缠住或腿脚抽筋,往往难以自救。对于家长反映的不服从管教私自下河洗澡的学生,教师和学校可进行"点名批评"等教育惩戒措施。

(二)惩戒价值

通过教育惩戒,让学生懂得"危险行为"的内涵与种类,以及培养学生的健康权与生命权意识。

第一,通过教育惩戒,让学生在受惩戒时进一步铭记与危险行为有关的知识体系。

教师在平时的教育管理中,要利用班会等一切适当方式,普及危险行为的基本知识,让学生明白溺水、网瘾、自残等危险行为的内涵、特征与危害。学校也应举办丰富多彩的防溺水等演练演习。但是,对于未成年学生而言,千万不要指望一两次教育或演练就可让其铭刻在心并遵照执行,因此对于不听学校教育且在客观上实施危险行为的学生,就必须批评教育并予以制止,仍不听管教的即可予以教育惩戒,以便让学生在接受教育惩戒的过程中再次加深对有关知识的记忆。

第二,通过教育惩戒,让学生深刻感知生命健康的可贵以及尊重他人生命健康的价值。

要想有效防控学生的危险行为,就必须唤醒学生的健康与生命的意识,就必须培育他们尊重他人健康与生命的理念。可以预料,该过程是极其艰辛而漫长的,正所谓冰冻三尺非一日之寒,部分学生实施危险行为已经成为其家常便饭的行为习惯,要想纠正并非易事。但不管多苦多难,教师与学校绝不能轻言放弃,要经常保持与家长的有效沟通,达到家校合力,尽最大的努力去防治学生实施各类危险行为!

### 五、侵权行为

(一)侵权行为的认定

根据《规则》第七条第一款第(四)项之规定,侵权行为即学生打骂同学、老师,欺凌同学或者侵害他人合法权益的行为。

根据我国《民法典》的规定,合法权益既包括人身权益也包括财产权益,因此侵权行为是违反《民法典》的行为,当然肯定也是违反校规校纪的行为,情节严重的,可能涉嫌违反《治安管理处罚法》与《刑法》。长期以来,学生侵权行为并不鲜见,有的学生尤其是中学生寻衅滋事,打架斗殴,抢夺或抢劫他人钱财,纠集其他人对别的学生长期进行欺凌、侮辱;有的学生故意损坏公物,随便拆卸学校设备设施,随意涂改板报和专栏内容,造成了严重后果。还有,在网上发布未经核实的信息或不文明的言论、视频,利用网络对他人进行攻击、侮辱、谩骂,侵害他人隐私等行为,也同样属于侵权行为[①]。上述严重违纪违法的侵权行为,学校与教师一定要及时制止,严肃批评教育,在制止和批评教育无效或效果不佳的情形下,应对涉事学生做出教育惩戒的决定。构成违法犯罪的,依法移送公安机关处理。

(二)惩戒价值

#### 1.用教育惩戒改变教师"高危职业"的现状

在《规则》列举的诸多学生侵权行为中,最令人不能容忍的行为之

---

① 教育那些事儿.教育的戒尺究竟应该举多高.载于搜狐网[DB/OL].https://www.sohu.com/a/442600517_100279024　2021-1-5/2021-7-26.

一是学生打骂老师，近些年屡见不鲜的学生打骂老师事件，让广大教师惊呼太阳底下最光辉最神圣的职业在不经意之间成了高危职业！

笔者注意到，在实践中往往有一种倾向，那就是教师打骂学生一旦见诸报端，则等待该教师的必然是法律与纪律的严惩，而学生如果打骂教师，则往往难以对该学生采取应有的惩戒措施。

2. 用教育惩戒向校园欺凌宣战

（1）校园欺凌的界定及成因

笔者注意到，《规则》并未单独提出"校园欺凌"，而是用了"打骂同学、欺凌同学"的表述，笔者认为二者的内涵并无本质区别。我国修订后的《未成年人保护法》则采用了"学生欺凌"概念，并在"附则"部分对其概念进行了明确界定："学生欺凌，是指发生在学生之间，一方蓄意或者恶意通过肢体、语言及网络等手段实施欺压、侮辱，造成另一方人身伤害、财产损失或者精神损害的行为。"笔者认为，"学生欺凌"概念比"校园欺凌"概念更为准确，但是考虑到约定俗成等多方面因素，笔者建议在理论探讨与实践操作上仍可采用"校园欺凌"的表述，不过其内涵应严格适用我国《未成年人保护法》的界定。

在当前教育环境下，校园欺凌现象已经成为人人喊打的"过街老鼠"，如何加强对校园欺凌的治理，已经成为摆在我们面前的严重课题。《规则》的出台以及我国《未成年人保护法》的修订，为治理校园欺凌提供了新的思路与法治保障。为此，有必要从法理上对校园欺凌的构成要件与成因等进行探讨，唯如此，方能最大限度地发挥教育惩戒在治理校园欺凌过程中的独特价值。

要构成法定意义上的校园欺凌，作为欺凌者的学生在主观上必须呈"蓄意"或"恶意"的基本特征，实践中大量的发生在学生之间的磕磕碰碰、打打闹闹都因不具备主观特征而难以认定为校园欺凌。在客观行为上，校园欺凌最主要体现在对被欺凌学生的肢体攻击上，当然也包括情感或心理的攻击。在欺凌者与被欺凌者之间，往往存在明显的强弱之分，即所谓恃强凌弱。这里所讲的强弱，不仅仅是指身体上的强弱，在实践中，初中生欺凌高中生的现象也并不少见。此外，还要求这种攻击直接造成了被欺凌学生人身损害、财产损失或者精神损害，攻击与损害之间存在必然的因果联系。

随着时代的发展，在肢体欺凌、言语欺凌等传统的欺凌方式基础之上,逐步形成了网络欺凌的新型欺凌。肢体欺凌的内涵比较容易界定,欺凌者对被欺凌者实施殴打等方式,对其身体加以伤害;言语欺凌包括嘲讽同学、为同学起带有人格羞辱意味的外号以及言语威胁等;网络欺凌则指欺凌者用智能手机、网络等现代通信工具,对被欺凌者实施造谣、诽谤、恐吓、揭露隐私等。

对校园欺凌如果长期视而不见或者放任不管,必然造成极其严重的后果,一是让欺凌者最终走向违法犯罪的深渊,另一方面也让被欺凌者身心饱受伤害或者从受害者蜕变为"欺凌者"。在笔者代理的某涉恶刑事案件中,被追究刑事责任的两大恶势力团伙即 A 团伙与 B 团伙,成员绝大部分为刚刚成年的年轻人,还有少部分未成年的在校学生。令人唏嘘不已的是,A 团伙的成员绝大部分都有过在某校就读期间欺凌其他同学的经历,是"欺凌者联盟",由于长期得不到有效治理,其大部分成员在走出中学校门后演变成称霸一方的恶势力团伙;而 B 团伙的成员却大部分是当年的被欺凌者,由于被欺凌长期没有救助渠道,因此只得寻求社会势力的帮助进行"反欺凌",于是,在社会势力的不当介入与组织下,被欺凌者逐步演变成了与 A 团伙针锋相对的恶势力团伙。

笔者认为,校园欺凌之所以形成并如此难以治理,有着其深层次原因:

一是欺凌者本身价值观的扭曲。同学之间本应当互助互爱,但有人却反其道而行之,以为友爱同学是一种懦弱无能的体现,而欺凌同学却可以"秀肌肉"并获得快感与权势,甚至是美女同学的青睐。如果这种错误的观念得不到纠正,则人性当中恶的一面将被极大地激发,从而巩固并强化这类学生的欺凌欲。

二是家庭教育的缺失。某些家长整天忙于工作,根本无心顾及孩子的变化,对于孩子的内心世界更一无所知,时代变了,仍然以上一代人的传统思维对待孩子。即使发现孩子的思维与行为存在某些问题,也往往是束手无策或干脆懒得管教。此外,独生子女成为家庭的"唯一中心",过度溺爱与无原则的"肯定"成为某些家长教育孩子的不二选择。笔者在对某小学教师进行心理疏导的时候,该教师给我展示了某家长发给她的微信:"我的孩子就是我的生命,如果他在班上打了别的孩子,你也无权批评他!"真是让人无奈且无语!当家长成为孩子欺凌同学强大后盾的时候,孩子必将在错误的道路上越走越远!当然,对于被欺凌的学生而言,并非其不想反抗,也并非其没有能力反抗,某些家庭过度要求孩子"忍让",告诉孩子吃点小亏没关系,强调"以和为贵"的处世哲学,强调"小不忍则乱大谋"的道理,这种教育方式也在客观上削弱了孩子反欺凌的意识与能力,当然对欺凌行为来说就是一种默许和纵容。

三是学校的难作为或不作为。教育惩戒没有有效确立,学校校规校纪不完善,教师法律素养普遍偏低,有关部门对校园欺凌问题也是事不关己高高挂起,加上部分家长的不理解不配合甚至恶意阻挠,学校面对校园"小霸王"根本无心应战更无力宣战,要么难作为,要么干脆不作为。

四是法律的过分"懦弱"。可以说,法律对未成年学生的保护是很到位的,但过度的保护却成了对学生欺凌行为的纵容,最典型的例子就是教师只可以批评学生却不可以惩戒学生,导致欺凌者往往无须为其不良行为付出实质性的代价。更为重要的是,14周岁刑事责任年龄的法律规定,似乎也在长期纵容学校的不良学生。2021年3月1日实施的刑法修正案,将刑事责任年龄在特定情形下下调至12周岁,应该是法治建设与人权保障的巨大进步。

(2)治理校园欺凌的最新精神

自2016年以来,国务院、教育部以及其他相关部门印发了一系列治理校园欺凌的通知及指导意见,并将2018年定为"校园欺凌防治落实行动年"。但是,并未取得预期效果,某些地方学生欺凌事件时有发生,严重损害了学生身心健康,引发社会广泛关注,影响非常恶劣。为此,2021年1月20日,教育部制定并印发了《防范中小学生欺凌专项治理行动工作方案》(以下简称《方案》),目的在于持续深入做好中小学生欺凌防治工作,加大专项治理力度,巩固治理成果,健全防治长效机制,努力把校园打造成最安全、最阳光的地方。《方案》为此强调:①

(一)全面排查欺凌事件。各地教育部门要围绕学生欺凌防治工作机制、制度措施、队伍建设、责任落实、宣传引导、教育惩戒、条件保障等方面,对行政区域内所有中小学校开展全面排查,确保全覆盖、无遗漏。学校要对全校学生开展全面梳理排查,与家长进行深入沟通交流,了解掌握学生心理状况、思想情绪和同学关系状况,及时查找发生欺凌事件的苗头迹象或隐患点,对可能发生的欺凌行为做到早发现、早预防、早

---

① 中华人民共和国教育部办公厅.教育部办公厅关于印发《防范中小学生欺凌专项治理行动工作方案》的通知[EB/OL].http://www.moe.gov.cn/srcsite/A06/s3325/202101/t20210126_511115.html.2021-1-21\2021-7-27.

控制。

（二）及时消除隐患问题。对排查发现的苗头迹象或隐患点，学校要及时向上级教育主管部门报告，与家长进行沟通，调查了解原因，采取必要的干预措施，做好疏导化解工作，并举一反三，及时完善有关规章制度、加强日常管理、压实工作责任、完善工作流程、细化工作举措、防控化解风险、营造良好氛围，切实防止学生欺凌事件发生。要对近年来发生过学生欺凌事件的学校和地区，进行"回头看"，确保整改落实到位。

（三）依法依规严肃处置。各地教育部门要依据相关政策法规和《中小学教育惩戒规则（试行）》有关要求，指导学校进一步完善校规校纪，健全教育惩戒工作机制。对实施欺凌的学生，情节轻微的，学校和家长要进行严肃的批评教育和警示谈话。情节较重的，学校可给予纪律处分，并邀请公安机关参与警示教育或予以训诫。对实施暴力、情节严重、屡教不改的，应将其表现记入学生综合素质评价，必要时依法转入专门学校就读。涉嫌违法犯罪的，由公安机关、人民法院、人民检察院依法处置。对遭受欺凌的学生，学校要给予相应的心理辅导。

（四）规范欺凌报告制度。各地教育部门和学校要建立健全学生欺凌报告制度。学校全体教师、员工要进一步增强责任感，一旦发现学生遭受欺凌，都应主动予以制止，并及时向学校报告；学校和家长要相互通知，及时进行调查处理。对情节严重的欺凌事件，要向上级教育主管部门报告，并迅速联络公安机关介入处置，配合相关部门依法处理。对舆论高度关注、社会影响广泛的欺凌事件，要及时报送教育部业务主管部门。报告的主要内容包括事件基本情况（时间、地点、起因、过程、涉及人员等）和已采取的措施等。报告内容要准确、客观、详实，不得迟报、谎报、瞒报和漏报。事件情况发生变化后，要及时续报。

（五）切实加强教育引导。各地教育部门和学校要结合学生身心发展规律和思想状况，加强新修订的我国《未成年人保护法》《预防未成年人犯罪法》等法律宣传解读，深入开展思想道德教育、法治教育、心理健康教育，引导学生养成良好思想品德和行为习惯。要将防治学生欺凌专题培训纳入教育行政干部和校长、教师在职培训内容，提高防治学生欺凌的意识和能力。要进一步加大家庭教育力度，密切家校沟通交流，引导学生家长掌握科学家庭教育理念，依法落实监护责任。要教育引导学生正确使用网络，自觉抵制不良网络信息、影视节目、网络游戏等负面影响。

（六）健全长效工作机制。发生学生欺凌事件的地方，要认真反思，深入总结经验教训，全面提高防治工作水平。其他地区要引以为鉴，警钟长鸣，防患未然。各地都要进一步健全责任机制，制定学生欺凌防治工作责任清单，明确省市县各级各部门职责，压实学校校长、班主任、学科教师和教职工各岗位责任。进一步强化预防机制，制定学校或年（班）级反欺凌公约，建立师生联系、同学互助、紧急求救制度，积极探索在班级设置学生安全员，发挥法治副校长作用。进一步完善考评机制，将学生欺凌防治情况纳入教育质量评价和教育行政、学校校长、班主任、学科教师及相关岗位教职工工作考评，作为评优评先先决条件。进一步健全问责机制，对学生欺凌问题突出的地区和单位进行督导检查、通报约谈，并向社会公开通报恶性欺凌事件处置情况。对失职渎职的，严肃追责问责。

更为重要的是，新修订的我国《未成年人保护法》第三十九条对于如何防控校园欺凌进行了明确规定，成为我们防控校园欺凌最新最权威的法律准绳：

学校应当建立学生欺凌防控工作制度，对教职员工、学生等开展防治学生欺凌的教育和培训。

学校对学生欺凌行为应当立即制止，通知实施欺凌和被欺凌未成年学生的父母或者其他监护人参与欺凌行为的认定和处理；对相关未成年学生及时给予心理辅导、教育和引导；对相关未成年学生的父母或者其他监护人给予必要的家庭教育指导。

对实施欺凌的未成年学生，学校应当根据欺凌行为的性质和程度，依法加强管教。对严重的欺凌行为，学校不得隐瞒，应当及时向公安机关、教育行政部门报告，并配合相关部门依法处理

综上所述，对于打骂老师、校园欺凌等侵权事件，司法机关、教育主管部门与学校千万不能采取息事宁人的态度，"大事化小，小事化了"，应当"该出手时就出手"，果断进行处理，该惩戒就惩戒，以儆效尤。否则，就会形成恶性循环，欺凌者继续作恶，且行为变本加厉，被欺凌者只能忍气吞声，最后导致心理出现问题。① 对于严重的校园欺凌，学校在

① 求智巷微信公号. 对校园欺凌，不能再"大事化小，小事化了". 载于人民日报 [DB/OL].https: //baijiahao.baidu.com/s?id=1648082875020473808&wfr=spider&for=pc  2019-10-22\2021-7-27.

52

处理无方的情况下,应当将问题学生交由司法机关依法处理,让施害者引以为戒,并警示其家长对孩子严加管教,在弘扬正气与维护师道尊严的同时,也能进一步培养学生的法治意识与尊重人权意识,预防涉事学生进一步滑向违法犯罪的深渊。

# 第四章　教育惩戒的措施及其适用

《规则》采取概括式表述,主要根据程度轻重等因素将教育惩戒措施分为一般教育惩戒、较重教育惩戒、严重教育惩戒等三类。

一般教育惩戒适用于违规违纪情节轻微的学生,包括点名批评、做口头或者书面检讨、增加额外教学或者班级公益服务任务、一节课堂教学时间内的教室内站立、课后教导等;较重教育惩戒适用于违规违纪情节较重或者经当场教育惩戒拒不改正的学生,包括德育工作负责人训导、承担校内公共服务、接受专门的校规校纪和行为规则教育、被暂停或者限制参加游览以及其他集体活动等;严重教育惩戒适用于违规违纪情节严重或者影响恶劣,且必须是小学高年级、初中和高中阶段的学生,包括停课停学、法治副校长或者法治辅导员训诫、专门人员辅导矫治等[①]。

同时,《规则》为班级和学校留下了比较宽松的自主空间,针对一般教育惩戒,学校校规校纪或者班规、班级公约可规定其他适当措施;针对较重教育惩戒,学校校规校纪可规定其他适当措施,即学校可以根据实际情况,按照《规则》规定的程序采取公开、民主、科学的方式,制定有针对性的具体规定。

此外,《规则》第十一条还规定了与教育惩戒密切相关的其他措施,在学生扰乱课堂秩序以及携带、使用违规物品等行为具有危险性时,教师与学校有权采取消除危险、暂扣危险物品等具有强制性意味的措施。

---

① 中华人民共和国教育部.教育部颁布《中小学教育惩戒规则(试行)》[EB/OL].http://www.moe.gov.cn/jyb_xwfb/gzdt_gzdt/s5987/202012/t20201229_507958.html 2020-12-29/2021-7-27.

# 第一节　一般教育惩戒及其适用

《规则》第八条规定：

教师在课堂教学、日常管理中,对违规违纪情节较为轻微的学生,可以当场实施以下教育惩戒:

(一)点名批评;

(二)责令赔礼道歉、做口头或者书面检讨;

(三)适当增加额外的教学或者班级公益服务任务;

(四)一节课堂教学时间内的教室内站立;

(五)课后教导;

(六)学校校规校纪或者班规、班级公约规定的其他适当措施。

教师对学生实施前款措施后,可以以适当方式告知学生家长。

《规则》在此规定的即一般教育惩戒,包括一般教育惩戒实施的主体、对象、具体措施以及适用程序等等。

### 一、一般教育惩戒的基本特征

第一,实施的主体是教师。这里所讲的教师既包括班主任,也包括其他任课教师,但是建议其他任课教师在对学生采取一般教育惩戒后应及时告知班主任,以便让班主任全面了解针对本班学生的一般教育惩戒情况。当然,对于学生违规违纪情节较为轻微的情形,任课教师不便于实施一般教育惩戒或者自觉实施时会"力不从心"的,可请求班主任的协助或者委托班主任实施。

笔者在此之所以强调班主任应成为实施一般教育惩戒的主要实施者,是与班主任的法定职责与使命分不开的。教育部颁布的《中小学班主任工作条例》第二条规定:"班主任是中小学日常思想道德教育和学生管理工作的主要实施者,是中小学生健康成长的引领者,班主任要努力成为中小学生的人生导师。"第十一条规定:"组织做好学生的综合素质评价工作,指导学生认真记载成长记录,实事求是地评定学生操行,向学校提出奖惩建议。"第十六条规定:"班主任在日常教育教学管理中,有采取适当方式对学生进行批评教育的权利。"

此外,班主任一般在学生及其家长心目中享有较高的威望,这也有利于一般教育惩戒的顺利实施。

第二,实施的对象是违规违纪情节较为轻微的学生。对违规违纪情节的认定,是最终决定是否给予教育惩戒以及给予何种教育惩戒的基本条件。在具体裁量时,可考虑学生违规违纪的手段、方法、对象、动机,违规违纪后的态度、后果,其他学生的反应以及被侵害学生的谅解程度等综合进行判断确定。只有达到了"情节较为轻微"的程度,才具备给予一般教育惩戒的前提。

如果学生的违规违纪情节显著轻微且未造成不良后果的,可不认为其行为属于违规违纪行为,因而无须给予一般教育惩戒。比如说两位学生在上课时存在很短暂的交头接耳行为,但声音很轻、未影响课堂秩序或者自动终止的,可认定为"情节显著轻微"。

第三,实施的场合为当场实施。打铁要趁热,惩戒要及时。对于情节较为轻微的违规违纪学生,通过当场给予一般教育惩戒,让学生及时明白其违规违纪之处以及需要为此付出的"应有代价",容易让学生对自己所犯的错误长记性。此外,学生的违规违纪行为被教师逮了个现行,当场惩戒可免除教师事后举证的苦恼,如果实施事后惩戒则许多证据都可能会灭失,还会给学生和家长留下无端"秋后算账"的口实。

第四,实施之后可以告知家长。对于一般教育惩戒,《规则》并未强制规定教师必须告知家长,只是要求教师在实施一般教育惩戒后可以以适当方式告知学生家长。也就是说,告不告知,以何种方式告知,均交由实施教育惩戒的教师自由裁量和自主决定。

笔者认为,对于很信赖教师与学校的家长,且其子女属于"初犯",则可考虑不告知家长;如果家长平时对教师的教育方式本就颇有微词,或者其子女已经多次违规违纪,则告知家长利大于弊。更为重要的是,告知家长的方式应适当,比如说不宜在家长群里广而告之,告知的语言也应理性与友善,切勿连带惩戒家长,不能因其子女犯错而让家长遭到无端羞辱。

## 二、具体惩戒措施的适用

### （一）点名批评

点名批评措施由"点名"与"批评"两个关键词组成。教师在实施对学生点名批评时，一是要点名，不要让其他学生听后还云里雾里，搞不清批评的是谁，当然点名要点学生的"学名"，而不要喊其绰号；二是要批评，即对学生较为轻微违规违纪行为提出中肯的否定性评价，与表扬相对。

笔者认为，教师的"点名批评"尽管杀伤力不大，但作为一种教育惩戒措施，切勿随意使用。此外，实践中经常发生的"描绘式批评"作为点名批评的变种，也不可适用。比如，某高一男生刚从某地转学过来，平时不太遵守纪律，某教师在班会上如此批评道："本期我们班有个男生，从某地转学转过来的，人长得蛮帅，但行为习惯却很不好，一上课就动个不停，在此提出严厉批评！"尽管教师未点名，但该班所有学生都知道教师批评的对象是谁，这就是应当慎用的"描绘式批评"。要知道，"描绘式批评"有时比点名批评更容易伤害学生的自尊，更容易引起学生的反感与抵触。

需要特别指出的是，作为教育惩戒的点名批评如果演变成对学生的人格侮辱，则构成对相关法律与《规则》的公然违反，必须予以绝对禁止。比如说因学生成绩不好就骂他是"猪""垃圾"或者"人渣"等，在实践中并不鲜见。人格尊严不容侵犯，"倒数第一"绝非人渣，理应成为所有教师的座右铭！

当然，点名批评作为教师最常用的教育惩戒措施，该用就得用，大可不必因为担心家长有异议或者投诉就因噎废食。多年来，时常会有教师向笔者诉苦，其在课堂上点名批评了犯错的学生，家长在得知后提出抗议或向学校投诉，理由是教师的做法伤害了孩子的"自尊"，让孩子在班上没面子，抬不起头。更有甚者，居然要求教师公开赔礼道歉。因此，当事老师往往是一脸的无奈与委屈。其实我们都知道，伤害的哪里是孩子的"自尊"，而是一颗颗从未历经风雨的"玻璃心"。对于此种无理投诉与举报，教师大可不必放在心上，当然可就如何教育孩子的问题与家长进行理性沟通，在教师沟通无效的情况下，学校应担负起与家长沟通的重任,不要把教师推向"风口浪尖",至于主管教育部门对这类投诉与举报更应义正辞严予以驳回。

（二）责令赔礼道歉、做口头或者书面检讨

这里实际包括了两类惩戒措施,其一为责令赔礼道歉,其二是责令做检讨。

所谓责令赔礼道歉,是指教师责令违规违纪情节较为轻微的学生当场向被侵权的教师或学生承认错误、表示歉意的惩戒方式。其实,赔礼道歉是我国《民法典》规定的侵权责任承担方式之一,但并非所有的侵权类型都可以主张赔礼道歉责任,而是仅适用于给被侵权人造成精神损害的侵权行为,如侵害生命权、健康权、身体权、姓名权、名誉权、肖像权、隐私权等精神性人格权及死者人格利益和包含精神利益的权利。因此,侵犯财产权益等其他权益,都不能请求侵权人赔礼道歉,即使同时导致自己遭受了精神痛苦一般也不能请求赔礼道歉。

因此,只有在学生违规违纪行为侵害了学生（特定情形下也包括教师等）的"健康权、身体权、姓名权、名誉权、肖像权、隐私权"且情节较为轻微时,教师才可以责令其赔礼道歉。如果是某学生拿了同桌的"钢笔"拒不归还,则构成对财产权的侵害,一般不宜适用责令赔礼道歉的教育惩戒措施。

所谓责令做检讨,是指教师责令情节较为轻微的违规违纪学生以口头或者书面的方式,检讨自己的错误并保证绝不再犯。对于书面的检讨书,一般有约定俗成的格式,包括标题、称谓、正文和落款,内容包括出错问题、产生原因、改正措施或今后的打算等。

相比较责令赔礼道歉而言,责令做检讨的适用范围要宽泛得多,原则上只要是情节较为轻微的违规违纪学生,均可责令其做检讨。不过,在实践中有几点需要特别注意。

第一,对于小学低年级学生,不宜责令其做检讨,尤其是不宜责令其做书面检讨。一般情况下,小学低年级学生对检讨的价值认知有限,加上会写的汉字也不多,在此情况下责令其做检讨尤其是书面检讨无异于对学生的变相惩罚,估计家长的意见也会比较强烈。

第二,如责令学生做书面检讨,教师应友善而耐心地告知其做检讨的目的以及检讨书应具备的格式和内容等。要让学生知其然还要知其所以然,要让学生不但明白如何起草检讨书,更要让其懂得检讨就是承诺、承诺就得履行、履行了改好了就是好学生的基本道理。

第三,要摒弃检讨万能的错误理念。在笔者就读小学与中学的20世纪80、90年代,责令做检讨应该是教师适用最广泛的惩戒方式,某些教师对责令做检讨的偏爱可谓到了如痴如醉的程度,只要是学生犯错了就是一声吼:"写份300字的检讨来!"如果学生再犯错,则吼声内容有变:"写份600字的检讨来!"这种惩戒的效果如何可想而知。目前某些教师仍然很偏爱责令学生做长篇检讨,既可达到彰显自己权威的目的,也可以通过写检讨本身来达到"折磨"学生的目的,至于学生是否真正认识到自己的错误就在所不论了。因此,责令学生做检讨的目的要明确,手段要正当,万万不可南辕北辙。

### (三)适当增加额外的教学或者班级公益服务任务

这里同样规定了两类同性质的惩戒措施,其一为适当增加额外的教学任务,其二为适当增加班级公益服务任务。适用该项教育惩戒措施,有三点需要注意。

第一,增加额外任务的目的是治学生的"懒病"。比如说对那些"故意不完成教学任务要求"且情节较为轻微的学生,就可以对症下药采取增加额外任务的惩戒,让这些学生明白,如果自己故意不完成学校规定的教学任务要求,则自己的行为属于学校不允许的违规违纪行为,是要为此受到惩戒的,惩戒的方式很可能就是承担更加繁重的任务。

第二,增加额外任务一定要确保其适当性,尤其是不可过分加重学生负担。如果增加过重的教学任务,比如说让学生抄写未完成的作业多少遍,很可能构成俗称的"罚抄",则正常的教育惩戒会异化成违规的"变相体罚"行为。

第三,不要将增加额外的班级公益服务片面理解为"罚搞劳动"。适当增加额外的班级公益服务任务,其目的是要培养违规违纪学生的责任感与集体荣誉感。因此,在进行惩戒时一定要注意强调其服务的"公益性",而不可将"劳动"直接当成惩戒的手段和措施,如简单的"罚搞卫生、罚擦楼梯"等。班内以及校内劳动属于正面的教育内容和教育形式,是教育学生热爱劳动、端正劳动态度、增强劳动意识的正向手段,一旦"劳动"本身被当成惩罚手段,无疑就成了毁"劳动观"的错误做法。

（四）一节课堂教学时间内的教室内站立

该惩戒措施一般被称为"罚站"，在实施时需要注意如下几点。

第一，针对的对象一般是指存在"扰乱课堂秩序、学校教育教学秩序"等违规违纪行为的学生，通过让其站立听课而让其"不舒适感"增加，通过学生简单的感性对比就能明白要像大家一样坐着听课就必须遵守纪律的道理，同时"鹤立鸡群"般听课也会让其受到一定程度的"羞辱"，从而确保下次不再重犯。

第二，实施时要注意时间的适度性与场合的确定性。一方面，一节课堂教学时间是学生站立的上限，不可违背，以免让学生的身心受到过大的不利影响，语文课上犯的错，如果被班主任老师罚站到下一节课比如说数学课上，则必然遭到学生以及家长的强烈反对。也许该学生在数学老师心目中是成绩优秀遵守纪律的好学生呢？这种超时罚站可能让学生的自豪和骄傲在数学老师面前瞬间崩塌！还有，对于学生共同违规违纪的，教师可以让为首者站立听课一节课，但对于受教唆参加或者起次要作用的学生，则可从轻惩戒，只让其站立 10 分钟或者 20 分钟等，如果一并确立为一节课的，则可让起次要作用的学生中途坐下听课。另一方面，必须是教室内站立，不能是教室外站立更不能是操场上的站立，其中的道理是不言而喻的。

第三，不可将"学生站立"异化成体罚或者变相体罚措施，比如说让学生"金鸡独立""半蹲"或者"下跪"等都是被禁止的。

（五）课后教导

所谓课后教导，是指教师在下课后在合适的时间与地点对情节较为轻微的违规违纪学生进行教诲（教训）并指导（引导）其纠正错误的惩戒措施。该措施一般由教师单独实施，也可以将该措施和其他一般教育惩戒措施合并实施。

笔者认为，教师面对某位违规违纪且不听制止的学生，本应即时给予一般教育惩戒，但考虑到不影响其他学生正常上课或者担心即时惩戒效果不佳等因素，教师可当场决定对其实施"课后教导"，教师可严厉地对该生说："某某同学，你刚才的行为已经违反校规校纪且不听制止，因此应当给予教育惩戒。为不影响其他同学继续上课，我们接着上课，你在午休时到我办公室来接受教导！"在法治社会，如果教师都具备了较高的法律素养，像律师那样善于与学生辩论，像法官那样果断做出惩戒决定，则其权威自然容易树立，教育惩戒的效果也自然差不到哪里去。

至于课后教导的内涵，《规则》并未明确规定，学界目前也鲜有研究。笔者认为，既然是教育惩戒，则教导当中的"教"必然带有一定的"教训"意味，如果仅仅理解为和风细雨一般的"教育"或"教诲"，则这种过于柔性的方式不足以反映教导之教育惩戒的本质。至于"导"，则为引导、指导之意。课后教导的目的，就是要通过教师既严厉又耐心的教训、教诲，以引导、指导学生真心认识错误与改正错误。在教导过程中，既要严慈相济，也要诲人不倦，更要真心引路，争做违规违纪学生的良师益友与人生导师。

# 第二节　较重教育惩戒及其适用

《规则》第九条规定：

学生违反校规校纪，情节较重或者经当场教育惩戒拒不改正的，学校可以实施以下教育惩戒，并应当及时告知家长：

（一）由学校德育工作负责人予以训导；

（二）承担校内公益服务任务；

（三）安排接受专门的校规校纪、行为规则教育；

（四）暂停或者限制学生参加游览、校外集体活动以及其他外出集体活动；

（五）学校校规校纪规定的其他适当措施。

《规则》在此规定的就是较重教育惩戒，包括较重教育惩戒实施的主体、对象、具体措施以及适用程序等。

## 一、较重教育惩戒的基本特征

第一，实施的主体是学校。对于较重教育惩戒，实施的主体是学校而非教师个人，既可以防止个别教师滥用较重教育惩戒措施，也能提高较重教育惩戒的效果。当然从某种意义上讲，该规定也是对教师合法权益的保护，也就是说学校无权将教师推向实施较重教育惩戒的第一线，实施较重教育惩戒是学校的权力和责任。

第二，实施的对象是违规违纪情节较重或经当场教育惩戒拒不改正的学生。实施的对象有两类，既包括违规违纪情节较重的学生，也包括经当场实施一般教育惩戒但拒不改正的学生。因此，教师尤其是班主任老师对学生违规违纪的情节是属于较为轻微还是较重首先要进行自由裁量，如果认定属于情节较重，则应向学校报告，请求学校对其实施较重教育惩戒，此时学校将对学生的违规违纪情节进行再次裁量，如认为学生违规违纪的情节未达到较重的程度，则应驳回教师的请求。

第三，实施时要及时告知家长。这里的关键点在于"及时"，对学生家长不要"瞒报"与"迟报"，在告知时同样要采取适当方式，要尊重家长的人格尊严，不要连带惩戒家长，尽最大的努力与善意争取家长对较重教育惩戒的理解、支持与配合。

## 二、具体惩戒措施的适用

### （一）由学校德育工作负责人予以训导

相比较一般教育惩戒的"课后教导"，实施者由教师升格为"学校德育工作负责人"，"教导"也升级为"训导"。训导的内涵应相当于"教训开导"，比"教导"要更严厉，以此让学生认识到自己违规违纪行为已经达到"较为严重"的程度，或者让学生认识到对教师当场实施教育惩戒拒不改正的后果。在实践中，大部分学生对学校的德育工作负责人还是比较畏惧的，因此学校的德育工作负责人更应该从严要求自己与努力提升自己，成为严慈相济的楷模，成为善于教育惩戒与有效沟通的高手，唯如此，才能有效发挥"训导"的积极价值。

### （二）承担校内公益服务任务

对于因责任意识缺乏而导致违规违纪且情节较重的学生，可以责令其承担校内的公益服务任务，比如说军训服务、科普服务、节日宣传等，让学生在提供服务的"汗水"中去培养责任意识。不管其在该过程中获得的是其他学生鄙夷的白眼还是真心的点赞，对于这些学生而言都将是难忘的记忆与宝贵财富。

（三）安排接受专门的校规校纪、行为规则教育

该措施有点类似于让违反交通法规的公民接受交通法规教育。学校可指派德育工作负责人或者聘请专家和律师，将符合较重惩戒条件的学生集中在一起，让其接受专门的校规校纪、行为规则教育，当然这种教育也可以对单个违规违纪的学生实施。

在笔者调研的过程中有教师提出，既然违规违纪都情节较重了，则很难再通过这种教育惩戒方式达到让其纠错的目的了。笔者对此不敢苟同，许多成年公民之所以触犯法律，一个重要的原因就在于平时不懂法，是所谓的"法盲"，与此同理，部分中小学生之所以违规违纪，根本原因还是在于对校规校纪以及行为规则知之甚少或者一无所知。因此，这种作为教育惩戒的教育方式对于培养学生的规则意识不可或缺，要让受教育者知道如年少时不遵守校规校纪和行为规则，则成年后就可能因违犯国家法律而"锒铛入狱"的道理，因此作为教育者要做到苦口婆心和循循善诱，绝不可轻易放弃任何一个学生。

（四）暂停或者限制学生参加游览、校外集体活动以及其他外出集体活动

笔者认为，暂停或限制学生参加某些集体活动的权利，有利于确保上述集体活动的顺利进行，当然最重要的还是增加这些违规违纪学生的"挫败感"，用一句通俗的话来讲就是"伤自尊"，并挫其"戾气"，以警示其不要再犯。当然这种惩戒对于家长来说也会有较大的心灵震撼，可促使家长平时加强对子女的管教。不过，这里强调的是"暂停或者限制"，千万不可理解与适用为对学生参加游览、校外集体活动以及其他外出集体活动权利的"剥夺"。

# 第三节　严重教育惩戒及其适用

《规则》第十条规定：

小学高年级、初中和高中阶段的学生违规违纪情节严重或者影响恶劣的，学校可以实施以下教育惩戒，并应当事先告知家长：

（一）给予不超过一周的停课或者停学，要求家长在家进行教育、管教；

（二）由法治副校长或者法治辅导员予以训诫；

（三）安排专门的课程或者教育场所，由社会工作者或者其他专业人员进行心理辅导、行为干预。

对违规违纪情节严重，或者经多次教育惩戒仍不改正的学生，学校可以给予警告、严重警告、记过或者留校察看的纪律处分。对高中阶段学生，还可以给予开除学籍的纪律处分。

对有严重不良行为的学生，学校可以按照法定程序，配合家长、有关部门将其转入专门学校教育矫治。

《规则》在此规定的就是严重教育惩戒，包括严重教育惩戒实施的主体、对象、具体措施以及适用程序等。此外，规则还就学生的处分以及转入专门学校等问题进行了原则性的规定。

## 一、严重教育惩戒的基本特征

第一，实施的主体是学校。较重教育惩戒的实施主体都是学校，则严重教育惩戒的实施主体更理所当然是学校了。为此广大教师一定要遵循《规则》的明确规定，坚决遏制那种动不动就想让学生停课停学的冲动，道理十分简单，因为只有学校才有给予特定学生严重教育惩戒的权力。

第二，实施的对象是违规违纪情节严重或者影响恶劣的小学高年级、初中和高中阶段的学生。一方面，学生违规违纪一定要达到情节严重的程度，或者造成恶劣的影响，二者必居其一，否则不可给予严重教育惩戒。另一方面，对于没有达到小学高年级阶段的学生不可给予严重教育惩戒。

在实践中应如何界定"小学高年级"？比如在"六三"学制、"五四"学制等不同的义务教育学制中，小学高年级应从哪个年级开始起算？曾有网友就上述问题通过官方网站向教育部提问。教育部政策法规司答复如下："《民法典》规定，不满八周岁的未成年人为无民事行为能力人，八周岁以上的未成年人为限制民事行为能力人；《义务教育法》规定，年满六周岁的儿童应当入学接受教育。以此推算，一般来说，小学一、二年级学生为无民事行为能力人，三年级及以上学生为限制民事行为能力人。对学校而言,对无民事行为能力人和限制民事行为能力人所应尽的管理、保护职责略有不同,因此在管理方式上应有所差别。因此,无论小学实行哪种学制,高年级都应当从小学三年级起算。"

第三,应事先告知家长。严重教育惩戒可能会对学生的权益带来较大影响,为进一步督促学校谨慎行使权利并确保家长的救济权,《规则》要求学校事先告知家长。

第四,学生及其家长具有救济权利。对于严重教育惩戒或者处分,学生及其家长在事前有知情权,在事中有陈述和申辩权,在事后有申诉权。学生及其家长对学校学生申诉委员会做出的决定不服的,还可向主管教育部门申请复核;对复核决定不服的,可依法提起行政复议或者行政诉讼。

第五,存在层级分明的惩戒阶梯[①]。在严重教育惩戒领域,如果将《规则》第十条第一款规定的三项严重教育惩戒措施作为第一阶梯的话,第十条第二款关于"处分"的规定就是第二阶梯。可对学生进行"处分"的前提是学生违规违纪情节严重或者经多次教育惩戒仍不改正。处分可分为警告、严重警告、记过、留校察看,对于高中阶段的学生,还可以给予开除学籍的处分。

毋庸置疑,处分对学生的影响会比较大,比如《中等职业学校学生学籍管理办法》规定,学生的处分应当真实完整地归入学生档案。教育部没有对中小学生的处分及其后果等进行明确规范,但《海南省普通高级中学学籍管理实施细则》《黑龙江省义务教育阶段学生学籍管理实施细则》等部分地方条例对此有相应规定:学生处分应当归入档案,撤销处分的应当将处分决定从档案中取出。未撤销的处分决定存放档案,可能对学生升学、就业、入党等产生负面评价,且会伴随一生。

正因如此,大多学校对学生的处分可谓慎之又慎,即使给予了处分决定的,一般事后也尽量撤销,尤其是在学生及其家长有异议甚至是申诉的情况下。因此,长期以来处分措施对学生的矫治效果并不明显。笔者认为,处分作为严重教育惩戒的第二阶梯,在《规则》的指引下,应当恢复其本身应有的威慑力和评价功能:学校应该严格遵行校纪校规关于处分的要求;设立撤销处分的合理目标,激励学生改过自新达到撤销

---

① 李继治.教育惩戒的阶梯.载于新浪博客[DB/OL].http：//blog.sina.com.cn/s/blog_64cb77e101031465.html　2020-9-25/2021-7-27.

标准。但更要坚持原则与程序合法,对屡教不改的绝不轻易撤销处分。

将有严重不良行为的学生送进专门学校接受教育矫治,这可视为严重教育惩戒的第三阶梯。《规则》第十条第三款规定:"对有严重不良行为的学生,学校可以按照法定程序,配合家长、有关部门将其转入专门学校教育矫治。"我国《预防未成年人犯罪法》规定第四十三条规定:"对有严重不良行为的未成年人,未成年人的父母或者其他监护人、所在学校无力管教或者管教无效的,可以向教育行政部门提出申请,经专门教育指导委员会评估同意后,由教育行政部门决定送入专门学校接受专门教育。"

关于未成年人的"严重不良行为",我国《预防未成年人犯罪法》第三十八条规定:"本法所称严重不良行为,是指未成年人实施的有刑法规定、因不满法定刑事责任年龄不予刑事处罚的行为,以及严重危害社会的下列行为:(一)结伙斗殴,追逐、拦截他人,强拿硬要或者任意损毁、占用公私财物等寻衅滋事行为;(二)非法携带枪支、弹药或者弩、匕首等国家规定的管制器具;(三)殴打、辱骂、恐吓,或者故意伤害他人身体;(四)盗窃、哄抢、抢夺或者故意损毁公私财物;(五)传播淫秽的读物、音像制品或者信息等;(六)卖淫、嫖娼,或者进行淫秽表演;(七)吸食、注射毒品,或者向他人提供毒品;(八)参与赌博赌资较大;(九)其他严重危害社会的行为。"

而"专门学校",是指依法对有严重不良行为的未成年人进行专门教育的学校。众所周知,"专门学校"由以前的工读学校演变而来。作为国民教育体系的重要组成部分,专门学校的主要功能是对有严重不良行为的未成年人进行矫治,同时也可为中小学校提供帮助,以减少错罪少年对师生造成的不良影响。对于义务教育阶段的中小学生来说,专门学校也是对特定学生的受教育权予以绝对保护的最佳场所,将这些学生送到专门学校就读,既保障他们的受教育权利不受侵犯,更可以使他们接受专门矫治。

一般情况下,专门学校都会有更为严格的管理措施,但不会限制更不会剥夺学生人身自由。对于实施刑法规定的行为、又因不满法定刑事责任年龄不予刑事处罚的未成年人,经专门教育指导委员会评估同意,教育行政部门会同公安机关可以决定对其进行专门矫治教育,此类专门教育的场所可以在专门学校中专门设置,并实行闭环管理,由公安机关、司法行政部门负责未成年人的矫治工作,教育行政部门承担未成年人的教育工作。

令人遗憾的是,专门学校自 1955 年设立迄今已有 66 年,却始终没能实现应有的良性发展,无法为特定学生提供充分的矫治服务,需求与供给之间的矛盾比较严重,更与预防未成年人犯罪的目标相去甚远。我国 2020 年修订的《预防未成年人犯罪法》明确规定,县级以上地方人民政府根据需要合理设置专门学校。可以预见,在法律的规范与指引下,在党和政府的高度重视下,预计在未来数年之内,专门学校必将得到长足发展。

### 二、具体惩戒措施的适用

#### (一)给予不超过一周的停课或者停学,要求家长在家进行教育、管教

该惩戒措施实际上是对严重违规违纪学生受教育权进行适当的限制或者短暂的剥夺,以此警示学生并让其认错纠错。但是,该措施当中的"停课"与"停学"存在较大区别,有网友曾就此问题向教育部咨询。教育部答复该网友:"《规则》第十条所指的停课和停学在程度上是有轻重之分的,停学重于停课。一般情况下停止上课的时间不超过一天,或者某几天的某个时间段、某个课程停止上课,是停课;而停止上课的时间在一天以上(含一天)的,就属于停学。"

需要注意的是,实施该惩戒必须要家长予以密切配合,不能对学生一"停"了事。因此,学校在事先告知家长以及做出正式的惩戒决定后,均应"要求家长在家进行教育、管教",如果学生被停课或停学了,而家长的管教没有及时跟上,则必然对学生在特定时间段形成管教"真空",可能带来难以预估的风险,这与教育惩戒的初衷明显相违背。

#### (二)由法治副校长或者法治辅导员予以训诫

从一般教育惩戒由教师实施的"教导",到较重教育惩戒由学校德育工作负责人实施的"训导",再到由法治副校长或者法治辅导员的"训诫",是根据学生违规违纪行为由轻到重而由不同级别的教育主体实施的三类相关性教育惩戒。

那么,在我国法律体系中,训诫的适用及其依据何在呢?其一为人民法院在诉讼程序及特定程序中的权力;其二为公安机关对特定

主体的惩罚措施,比如信访人员、保安员,以及有不良行为的未成年人等。

我国《刑法》第三十七条规定:"对犯罪情节轻微不需要判处刑罚的,可免予刑事处罚,但可根据案件不同情况,予以训诫或者责令具结悔过、赔礼道歉、赔偿损失,或者由主管部门予以行政处罚或者行政处分。"该规定属于非刑罚性处置措施。

我国《刑事诉讼法》第一百九十三条规定:"证人没有正当理由拒绝出庭或者出庭后拒绝作证的,予以训诫。情节严重的,经院长批准,处以十日以下的拘留。"我国《行政诉讼法》第五十九条规定:"诉讼参与人或者其他人有下列行为之一的,人民法院可以根据情节轻重,予以训诫、责令具结悔过或者处一万元以下的罚款、十五日以下的拘留。"

而公安机关可依法对特定的未成年人及其监护人实施训诫,比如,我国《预防未成年人犯罪法》第三十七条规定:"未成年人有严重不良行为构成违反治安管理行为的,由公安机关依法予以治安处罚。因不满十四周岁或情节特别轻微免予处罚的,可予以训诫。"第四十九条规定:"未成年人的父母或其他监护人不履行监护职责,放任未成年人有本法规定的不良行为或严重不良行为的,由公安机关对未成年人的父母或者其他监护人予以训诫,责令其严加管教。"

此次,《规则》赋予法治副校长或者法治辅导员对严重违规违纪学生的训诫权,很明显是借鉴与吸收了人民法院、公安机关进行"训诫"的成功经验,是一次大胆的有益尝试,更是对法治副校长或者法治辅导员们法治素养的考验。笔者认为,在对严重违规违纪学生采取训诫措施时,应注意如下几个方面。

第一,训诫从本质上仍然属于教育措施,是学校特殊的教育手段,因此不可偏离育人目的与违背育人宗旨。因此,在对学生进行严厉训诫的同时,一定要辅之以晓之以理动之以情的劝诫。

第二,训诫的内容既要用"规则"说话,让学生明白到底违反了哪些方面的规则以及违反规则的后果,也要进行必要的道德谴责以及苦口婆心的道德教化,因为学生严重违规违纪行为既是对规则的违犯,也往往违背社会主义核心价值观和公序良俗。

第三,学校可设立专门的训诫场所,例如"训诫室"等,且要增进训诫室等专门训诫场所应有的仪式感。笔者建议学校的训诫室应设置得威严而又不失温馨,在训诫室的墙壁上可用漫画等方式将校规校纪的内容展现出来,也可在桌上摆放《规则》、校规校纪手册以及国家与青少年有关的法律法规等等。

第四,训诫内容应有专人记录,并由训诫者、被训诫者与记录者签名。训诫内容建议采取适当方式向受训诫学生的家长公开。

第五,应加强对法治副校长或者法治辅导员们的培训与辅导。要让他们精通相应的法律法规与校规校纪,让他们尽快掌握训诫这门严重教育惩戒的艺术。

(三)安排专门的课程或者教育场所,由社会工作者或者其他专业人员进行心理辅导、行为干预

其实,教师必须加强对学生的心理辅导与行为干预,比如看到某学生因成绩没考好而情绪低落,教师即可对其进行心理辅导;看到某学生上课时擅自离开座位,教师即可责令其回到座位上去,这就是一种行为干预。但是作为严重教育惩戒的"心理辅导、行为干预",一般具有如下特征。

第一,实施的主体不再是教师或者学校其他工作人员,而是具有丰富经验和专门知识的社会工作者或者其他专业人员。

第二,实施的对象一般为因心理问题而严重违规违纪的学生,或者严重违规违纪行为具有破坏性且对他人造成恶劣影响的学生。

第三,实施的地点不一定在学校,可在校外的专门教育场所,并可安排专门的课程。

第四,学校应与专门从事这类服务的机构或人员签署协议,就双方的权利义务关系进行明确的约定。一般来说,学校支付服务费的多少,应该与专业机构或专业人员"心理辅导、行为干预"的效果挂钩。

# 第四节　其他措施及其适用

《规则》第十一条规定:

学生扰乱课堂或者教育教学秩序,影响他人或者可能对自己及他人造成伤害的,教师可以采取必要措施,将学生带离教室或者教学现场,并予以教育管理。

教师、学校发现学生携带、使用违规物品或者行为具有危险性的,应当采取必要措施予以制止;发现学生藏匿违法、危险物品的,应当责令学生交出并可以对可能藏匿物品的课桌、储物柜等进行检查。

教师、学校对学生的违规物品可以予以暂扣并妥善保管,在适当时候交还学生家长;属于违法、危险物品的,应当及时报告公安机关、应急管理部门等有关部门依法处理。

《规则》在此规定的就是与教育惩戒相关的其他措施,包括其他措施的种类以及适用程序等。

## 一、其他措施的基本特征

所谓其他措施,是指教师与学校在对违纪学生实施教育惩戒的过程中,对其人身或物品采取的必要措施。笔者认为,其他措施具有如下基本特征。

第一,法定性。教师、学校必须按照有关法律与《规则》的规定适用其他措施,一是要符合法定条件,二是要符合法定程序。

第二,必要性。教师、学校只有在确有必要的时候才能适用其他措施,比如说学生扰乱课堂或者教育教学秩序,一般情形下给予教育惩戒就够了,但如果"影响他人或者可能对自己及他人造成伤害的",就有必要"将学生带离教室或者教学现场,并予以教育管理"。

第三,强制性。《规则》当中规定的其他措施都具有必要的强制性,学生必须服从。对必须采取"强制措施"的,教师尤其是女教师要对自身的权威与力量进行评估,必要时要及时报告学校德育工作负责人等,不要盲目实施,以免伤及自身。

第四,配合性。其他措施本身并不具有"惩戒性",但离开其他措施,诸多教育惩戒就无法正常进行。同时,其他措施作为管理教育手段,其本身的威慑力也有利于学生认错纠错。

## 二、其他措施的适用

### (一)人身强制措施

《规则》第十一条第一款规定:"如果学生扰乱课堂或者教育教学秩序,影响他人或者可能对自己及他人造成伤害的,教师可以采取必要措施,将学生带离教室或者教学现场,并予以教育管理。"其中的"将学生带离教室或者教学现场,并予以教育管理"就具有一定的"人身强制"性质。

教师适用该措施的目的是要防止学生扰乱秩序的行为演变成影响他人或伤害他人的行为,并为对其实施教育管理或者其他教育惩戒提供前提条件。值得注意的是,该措施强调的是"带离",也就是说是教师亲自带领学生离开,而非责令学生自行离开,以确保学生不出现任何意外。此外,在将学生带离教室或者教学现场时,一定要委托其他教师或者报告校领导委派专人继续上课或者看管其他学生,以免节外生枝,出现其他问题。

(二)违规或危险物品管制措施

《规则》第十一条第二款规定:

教师、学校发现学生携带、使用违规物品或者行为具有危险性的,应当采取必要措施予以制止;发现学生藏匿违法、危险物品的,应当责令学生交出并可以对可能藏匿物品的课桌、储物柜等进行检查。

在学生携带、使用的违规物品中,手机无疑是最普遍的违规物品,因此加强"手机"管理成为学校要久久为功的大事。如果学生携带、使用了管制刀具等,则管制刀具就是违法、危险物品了。教师、学校一方面要采取必要措施制止学生携带、使用违规物品或者其他危险行为,另一方面要责令学生交出其藏匿的违法、危险物品,如果学生拒不交出,则教师、学校有权对可能藏匿物品的课桌、储物柜等进行检查。

有网友曾向教育部咨询"检查"的法律依据以及与"搜查"有何区别,教育部答复[1]:

《规则》第十一条规定教师、学校"发现学生藏匿违法、危险物品的,应当责令学生交出并可以对可能藏匿物品的课桌、储物柜等进行检查",是出于保护全体师生安全、维护学校秩序的考虑。我国《突发事件应对法》第十一条规定,"公民、法人和其他组织有义务参与突发事件应对工作",第二十二条规定,"所有单位应当建立健全安全管理制度,定期检

---

[1]　中华人民共和国教育部.咨询《中小学教育惩戒规则》中关于惩戒的问题[EB/OL].http: //www.moe.gov.cn/jyb_hygq/hygq_zczx/moe_1346/moe_1347/202102/t20210208_512954.html　2021-2-8/2021-7-27.

查本单位各项安全防范措施的落实情况,及时消除事故隐患"。在"发现学生藏匿违法、危险物品"的情况下,明显已处于出现事故隐患的状态,此时有必要及时进行处理。而"搜查"属于特定用语,根据我国《刑事诉讼法》第一百三十六条规定,"为了收集犯罪证据、查获犯罪人,侦查人员可以对犯罪嫌疑人以及可能隐藏罪犯或者犯罪证据的人的身体、物品、住处和其他有关的地方进行搜查"。

### (三)违规或违法物品的处置措施

对于学生的违规物品,教师、学校可以予以暂扣并妥善保管,在适当时候交还学生家长。这里有三个关键词,其一是"暂扣",其二是"妥善保管",其三是"交还家长",也就是说对于违规物品,教师、学校不能无限期扣留,且还要妥善保管,并且在适当的时候交还给家长。如果教师、学校因无限期扣留或因保管不善等原因导致违规物品毁损灭失,或者拒不交还家长,都要承担赔偿等民事责任。违规物品是因为被学生带到了学校才具有了"违规属性",不能因此侵害其受法律保护的物权属性。

2021 年 4 月 6 日,教育部关于《未成年人学校保护规定(征求意见稿)》公开征求意见,该规定指出:"学校应当保护学生的财产权利,不得采用毁坏财物的方式,对学生进行教育管理。因管理需要暂扣学生物品的,应当在影响消除后返还学生或者其家长,暂扣时间超过一个月的,应当告知家长。暂扣时间最长不得超过一个学期。"笔者认为,在规定正式颁布实施之前,各中小学校对该征求意见稿的相关规定可参照执行。

实践中,某些教师出于对"手机"等违规物品的深恶痛绝,一旦没收就当场摔烂或砸烂,这些都是侵害学生及其家长物权的行为,因此应当依法予以赔偿。

对教师而言,良好的出发点如果缺乏法律思维与法律方式,也有可能走向法律的反面,导致教师自身也很受伤。建议教师在碰到类似情况时要保持"克制",尽量不要与学生争抢手机,也就是说当教师的权威尚不足以让学生主动交出手机时,就应当采取其他有效措施来应对,包括报告学校德育工作负责人或者通知家长处理等。

此外,对于学生携带、使用的违法、危险物品,则性质就完全不一样了,教师、学校对此无权私自处理,应当及时报告公安机关、应急管理部门等有关部门依法处理。公安机关、应急管理部门将依法调查违法、危险物品的来源并依法进行其他处理。

# 第五节　《规则》删除的"教育惩戒"措施

　　笔者注意到,《规则》在"征求意见稿"中曾规定了诸如"适当增加运动要求""面壁反省"等诸多教育惩戒措施,但最终没有采纳。但是,"征求意见稿"因广为宣传而"深入人心",学界与媒体也对诸如"适当增加运动要求""面壁反省"等措施的"合理性"等进行了宣传报道,而现在《规则》却在客观上对其予以了否定,人们的思维短时间内转不过弯来,许多学校在制定校规校纪时居然将这些措施当作宝贝似的加以规定。因此,为正本清源以免谬种流传,有必要对《规则》已经删除的措施进行进一步否定性思考。

## 一、《规则》删除的措施

　　在一般教育惩戒中,《规则》删除了"征求意见稿"中的"适当增加运动要求""面壁反省"措施;在较重教育惩戒中,《规则》删除了"隔离反省""要求家长到校陪读"措施;在严重教育惩戒中,《规则》删除了"改变教育环境或者限期转学"措施。

## 二、被删措施的否定性思考

### (一)适当增加运动要求

　　笔者认为,"适当增加运动要求"尺度过大、过于前卫(俗称罚跑步、罚运动),其实质就是将体育活动作为一种惩戒方式,引发了不少老师与专家的反感。西北政法大学教育立法研究基地在提交给教育部的意见中就对此提出明确反对:体育是一门课程,是锻炼学生身体素质的,而不是一种惩罚[①]。此外,该措施操作难度大,风险也大,在实践中曾发生过因罚跑事件引发教师受罚的案例。

---

① 　贺佳雯.独家解密首部教育惩戒规则制定过程：体育不再作为惩戒方式,家长也不必陪读.载于南方周末 [J/OL].http：//www.infzm.com/contents/198820 2020-12-31\2021-7-27.

在实践中,每个经验丰富的班主任也许都有自己一套行之有效管理班级的方法,并在此基础上形成班规。可某些班主任十分偏爱的"罚跑、罚站、罚抄作业"等"土政策"有些已经跟不上时代的发展步伐,有些明显与《规则》的规定背道而驰。如果换种方式对违纪学生进行教育惩戒,比如说课后教导等方法,也许效果会更好。

### (二)面壁反省

"面壁反省"与成语"面壁思过"基本一致,要求面对墙壁专心思考与反省自己的过错。笔者认为,该措施可能会引发合法性争议与舆情风险,因而被《规则》所摒弃:一方面,关于未成年人的管教问题,没有任何一部法律做出过与"面壁反省"相类似的规定,这种创新无疑法律依据不足;另一方面,对违规违纪情节较为轻微的学生,应当当场实施教育惩戒,也就是不能因此侵害其听课的权利,如果学生都"面壁"了,那就真的只能用耳朵"听课"了。

### (三)隔离反省

一方面,同样是缺乏上位法上的依据,同时也考虑很多学校没有相关场所,并可能因此带来安全隐患,故《规则》不再予以确定。

不过,不能因此完全否定"隔离反省"的价值,尤其在家庭教育中,家长们切勿完全排斥"隔离反省"。笔者曾在某电视节目上看过国外一则用"关黑屋子"惩戒孩子的故事:

孩子因某无理要求没有得到家长满足,在地上打滚撒泼,不依不饶。女主人抱起孩子直接关进了专门用来思过的小黑房子里。五分钟后,孩子不哭了,好,可以出来了;如果还哭,那就继续哭,大人绝不妥协;孩子出来后,必须认识到自身的错误,否则就继续关进黑房子。

据悉,"隔离反省"是英语 Time Out 的中文翻译,是英语国家通用的育儿专用语,意思是给孩子一个闭门思过的机会,让他明白不良行为会导致自尊心和友情的丧失,学会为自己的行为负责。隔离反省的地方可以是没人的屋子、走廊,或者就地画个圆圈让孩子站进去①。

隔离反省之所以奏效,是因为人类有社会性,我们都需要他人的友

---

① 刘维隽.父母是孩子命运的工程师.载于先驱报[J/OL].http://www.chnet.co.nz/Html/2012-4-28/News_20127.Html 2012-4-8/2021-7-27.

谊、关注和赞赏来获得快乐并确立自己的归属感,满足自尊心的需要。此外,家长们还是要讲究方式方法,因为用不好会适得其反。因为隔离反省属于硬性的爱,而赞赏、鼓励属于软性的爱,必须有成千上万次软性的爱才可匹配一次硬性的爱,也就是说如果没有数量足够的赞赏与鼓励,就不宜采用"隔离反省"等硬性的爱。

（四）要求家长到校陪读

该措施最易引起家长反感,如真予以确立和实施,势必导致大量的家长投诉与举报。笔者认为,该方式不具备现实性,对留守儿童的家长更是如此,因此最终也在《规则》中不再提及。

不过在实践中,要求家长到校陪读还是有其积极价值的,但其已不具有"教育惩戒"的属性,也就是说要家长陪读不是对违规违纪孩子的教育惩戒,而是发生了特定事由而采取的家校协作方式。根据笔者法律服务的经验,一般是学生在校期间无法安心学习或者因患有"多动症"等,对其他学生具有人身危险性,在通常的教育管理措施或者教育惩戒失效的情况下,为确保正常教育教学秩序,学校可向家长提出陪读的建议,在双方达成共识的前提下方可实施。

（五）改变教育环境或者限期转学

"改变教育环境"语焉不详,难以实施;"限期转学"更不符合实际,对于违规违纪情节严重的学生,在没有主管教育部门的批准下,是根本无法完成"转学"的。此外,哪怕是主管教育部门发话同意其转学,估计也没有学校敢接收,即使学校敢接收估计有关家长也会提出异议或抗议。笔者在法律服务实践中,曾碰到一件因"转班"而导致的家长抗议事件:某校四年级一班男生打了同班某女生,女生家长向校长提出要求该男生转班的强烈要求,校长擅自决定将该男生转到四年级二班,二班部分家长获悉后提出更为强烈的抗议:凭什么将"坏学生"转到我们班上来?搞得校长十分被动与狼狈。

**三、《规则》删除的法律后果**

一方面,被《规则》删除的上述"惩戒措施",因其不再具有任何意义上的"合法性",因而教师、学校不能够予以适用,否则即构成违规侵权。

另一方面,学校在制定校规校纪以及班级在制定班级规约时,不可以将已被删除的"措施"或其类似措施再予以重新规定。此外,学校以及班级在修订校规校纪或者班级规约时,也应该将类似措施予以删除,以确保与《规则》高度一致。

# 第五章　教育惩戒的"红线"与触碰红线的后果

　　教育惩戒的确立之所以经过了长期的酝酿过程,应该是多种因素混合作用的结果,其中之一是由于体罚、变相体罚等红线划定问题需要仔细斟酌。《规则》强调,教育惩戒与体罚和变相体罚等是不同性质的行为,并明确规定了八类不当教育行为,为教师行为划定红线,并规定了对越界教师的处罚方式,既将教育惩戒全面纳入法治轨道,更方便各方合力监督。

　　应该说,《规则》划定的红线非常细,成为《规则》的亮点之一。笔者认为,规则能细则细,越细越好,因为它指向的对象是未成年学生,稍有粗放或模棱两可,都有可能导致"惩戒问题"甚至"惩戒后果"的出现,从而造成对未成年学生的教育伤害,并进而引发严重的家校矛盾与冲突。因此,学校与教师务必深刻理解与把握每一条红线的内涵,确保在法律框架内行使教育惩戒,坚决做到不逾矩不碰红线,否则将会承担相应的法律责任。

## 第一节　实施教育惩戒不得触碰的红线

　　《规则》第十二条规定:

　　教师在教育教学管理、实施教育惩戒过程中,不得有下列行为:

　　(一)以击打、刺扎等方式直接造成身体痛苦的体罚;

　　(二)超过正常限度的罚站、反复抄写,强制做不适的动作或者姿势,以及刻意孤立等间接伤害身体、心理的变相体罚;

　　(三)辱骂或者以歧视性、侮辱性的言行侵犯学生人格尊严;

　　(四)因个人或者少数人违规违纪行为而惩罚全体学生;

　　(五)因学业成绩而教育惩戒学生;

（六）因个人情绪、好恶实施或者选择性实施教育惩戒；

（七）指派学生对其他学生实施教育惩戒；

（八）其他侵害学生权利的。

可见，《规则》明确列举了八类不当教育行为，其中第（八）项"其他侵害学生权利的"属于立法技术上的兜底条款，也就是说只要是可能侵害学生合法权利的行为都在严格被禁止之列。八类不当教育行为本质上均属于侵害学生合法权利的行为，与合法的"教育惩戒"或许有某些形似之处，但其实质却是"教育惩戒"的异化或滥用。教师如未确立法治思维与人权尊重理念，如不能克服对"体罚万能"等错误观念的路径依赖，就极可能触碰《规则》所确立的条条红线。

## 一、体罚学生

体罚是教育的顽疾甚至毒瘤，家长与社会对此深恶痛绝，故《规则》明确禁止教师实施"击打、刺扎等方式直接造成身体痛苦的体罚"。但在实践中，某些教师对教育惩戒与体罚的本质区别仍难以把握。

第一，惩戒出于对学生的关爱，体罚源于对学生的怨恨；惩戒是对学生的尊重，体罚却是对学生的羞辱；惩戒是促使学生纠错的艺术，体罚体现的是教师与教育的无能[1]。

第二，惩戒以不损害受罚者的身心健康为原则，体罚则以"治"人为出发点，结果往往是损害受罚者的身心健康。

第三，惩戒的目的是帮助学生认识错误，悔过自新，并培养其规则意识与责任意识，使学生"不愿"再犯错；体罚则使学生因惧怕皮肉之苦，从而在特定时空内"不敢"再犯错[2]。

第四，惩戒运用得当可和谐师生关系与家校关系，体罚学生则只会造成学生身心痛苦与对教师怀恨在心，甚至在事后数十年都难以释怀。类似学生因受体罚若干年后报复老师的案例并非鲜见。

【案例】2018 年 7 月底，常林（又名常仁尧）在河南省栾川乡变电站附近，遇见了初二时的班主任张军。常林随即上前扇了张军 4 耳光，还

---

[1] 谭晓玉.教育惩戒权：合理行使与依法规制[J].教师教育论坛，2014，27（10）：5-10.

[2] 房兆霞.惩戒教育应体现尊重与爱[J].教学与管理：理论版，2007，000（011）：40-41.

朝其上身打了一拳并踢倒电动车。2019 年 7 月 10 日,该案在栾川县法院一审宣判,常林因"犯寻衅滋事罪"被判处有期徒刑一年零六个月。常林供称,他当年才 13 岁,张军当了他一年的班主任,经常殴打辱骂常林:"他给我带来了巨大的精神伤害,十几年我都忘不了,经常做噩梦,非常绝望无助。我家庭条件不好,申请晚交学费被张某拒绝,还曾因为上课打瞌睡,被张某从教室前面打到教室后面。"[①]

当然,常林报复老师的寻衅滋事行为严重侵犯了张军的人身权益,更是对社会公序良俗的公然挑战,法院依法判决其有期徒刑一年零六个月一点都不冤。常林案雄辩地证明,在法治社会,任何人都无权挑战法治的底线。但是就本案而言,张军老师被欺辱的经历,却具有典型的反向警示意义,它时刻提醒我们,应当怎样公平理性对待我们的每一个学生,应当怎样尽最大可能避免不应该发生的事情发生!

笔者认为,《规则》对"体罚学生"的严格禁止,也就从根本上结束了多年来是否应让教师重拿戒尺并可用戒尺适度惩戒学生的争论,象征教师威权的摆在三尺讲台上的令学生望而生畏的戒尺将永远退出历史的舞台!几千年来教师手中有形的戒尺将依法转化为无形的"戒尺"即教育惩戒。令人遗憾的是,在《规则》即将实施的前夕,武汉却发生了某教师用戒尺击打学生而受处分的新鲜案例,给所有教师上了一堂及时且生动的警示课。

【案例】2021 年 1 月 12 日,网上有视频称"武汉一小学教师惩戒学生用尺击打学生手心"。

对此,1 月 13 日,湖北武汉市江汉区教育局官方微博 @ 江汉教育发布了《关于北湖小学教师惩戒学生的情况通报》。

通报称,武汉市江汉区教育局接到信息后,高度重视,立即进行核实。经核,当天下午,北湖小学六年级(8)班班主任夏某,因临近期末考试,学生上课疯闹、不遵守课堂纪律等原因,在教室对近 10 名学生进行了惩戒,用尺击打学生手心。

该区教育局立即成立由局纪检部门、小教科、人事科组成的工作组,进驻北湖小学,进一步调查此事。目前,已责成北湖小学对涉事老师进行停课反省处理,并向学生和家长致歉,同时委派富有教学经验的教师接

---

① 周青莎."20 年后学生打老师"案一审宣判,打人者获刑一年半.载于河南日报[J/OL].http://newpaper.dahe.cn/hnrb/html/2019-07/11/content_352948.htm　2019-7-11\2021-7-28.

管该班,对相关学生进行心理疏导,妥善安排期末的教育教学工作①。

当然,对江汉区教育局的处理措施,网友却几乎一边倒地为教师"叫屈",认为教师用戒尺惩戒疯闹学生是在劝阻无效的情形下实施的,且对于六年级的学生来说,仅仅是用戒尺击打手心并不会造成其肉体上的痛苦,因此不属于应受禁止的"体罚"行为。

笔者认为,网友的"叫屈"在一定程度上体现了公众对教育现状的担忧以及对教师群体的同情和关爱,但在《规则》正式实施以后,教师手中的戒尺已再无存在的合法性,因为用戒尺击打学生不管是打在身体上的哪个部位,必然是通过让学生产生身体上的痛苦而不敢再犯错,因此用戒尺击打学生就是典型的"体罚学生"行为。只要是用戒尺等工具击打了学生,就可以推定为学生受到了身体上的痛苦,这一点应当是没有任何疑义的。

不过,对于过度调皮的孩子,尽管教师已无权更不宜再用戒尺对其加以惩罚,但其家长适度惩罚孩子的权利应该得到社会理解与法律支持,教育权强调以和为贵,监护权却应当有一定的刚性,应当容忍家长对孩子进行适度的体罚。这是家庭管教的应有之义。在反对与禁止教师体罚学生的同时,如一味地反对家长对孩子实施适度体罚,并不符合孩子成才规律。家长对孩子的过度溺爱,"含在嘴里怕化了,捧在手里怕飞了",其结果往往是十分可悲的! 笔者代理过的诸多未成年人刑事犯罪案件可以很好地证明这一点,许多深陷歧途的孩子背后往往都站着一群对其溺爱有加的长辈。

## 二、变相体罚学生

所谓变相体罚,是指教师用"击打、刺扎"等体罚方式以外的能间接伤害身体与心理的方式来体罚学生的行为。《规则》列举了三类常见的变相体罚方式。

（一）超过正常限度的罚站与反复抄写

《规则》第八条只赋予教师对违规违纪较为轻微且制止与批评教育

---

① 澎湃新闻官方账号.武汉江汉区教育局通报"教师用戒尺打小学生手心":停课,致歉.载于澎湃新闻[DB/OL].https://baijiahao.baidu.com/s?id=16887423120296045728&wfr=spider&for=pc 2021-1-13/2021-7-28.

无效的学生可实施"一节课堂教学时间内的教室内站立"的教育惩戒措施,如让学生站立的时间超过"一节课堂教学时间",或者让学生站立的地点不是在"教室内"而是"教室外",都会构成超过正常限度的罚站行为。在教育实践中,罚站是教师普遍采用的一种变相体罚方式。有教师固执地认为:我既没有打学生耳光,又没有拉学生头发,更没有殴打学生,仅仅是让学生罚站,根本不算什么体罚!同时,罚站一般也很少招致社会、学校、家长批评,学生又承受得了。因而,只要是学生违纪违规就随时可以对他罚站。甚至有些教师把罚站这一招称之为"放之四海而皆准"的真理,可谓频频使用,屡屡得手[①]。

在《规则》实施后,这种习惯性"罚站"思维与方式理应立即摒弃。"罚站"方式尽管简单易行,但效果甚微,甚至祸患无穷。

此外,超过正常限度的反复抄写也应摒弃,这种非正常作业或强制性罚抄过量作业也是某些教师惯用的"法宝",殊不知这是被明令禁止的变相体罚行为。该行为最大的危害就是容易让学生厌学。

那么,何为超过正常限度的反复抄写呢?笔者个人认为,一般情况下,抄写词语、定律等超过十遍,或抄写诗歌、规则、课文五遍以上,就基本上可认定为超过正常限度的反复抄写,但实践中被强制罚抄50遍甚至100遍的现象可谓比比皆是。这样做的结果往往是满足了教师的"惩罚欲",但却让学生丧失对学习的兴趣,与教育以及教育惩戒的目的完全背道而驰。因此,到底何为"超过正常限度的反复抄写",可能是一百个人有一百个人的看法,必须由学校通过校规校纪达成共识并予以明确规定。

(二)强制学生做不适的动作或者姿势

实践中,以练习为理由体罚学生或罚跑、罚半蹲、罚单脚站立等,都属于强制学生做不适的动作或者姿势。该禁止情形的关键点在于教师行为对学生具有"强制性",也就是说学生非做不可,还有就是学生不情愿做的某类动作或姿势具有"不适性",也就是这种动作或姿势让人感到不舒服或者难为情。比如说,教师强制违规违纪的学生保持半蹲姿势20分钟,就属于这种类型的变相体罚行为。

---

① 贾晓红,张铁牛.体罚和变相体罚学生现象评析[J].许昌学院学报(1):121-122.

（三）刻意孤立学生

一般来说，绝大多数教师都会恪守职业道德，不会排挤与孤立学生，但是并不排除个别教师因某种原因或为达到某种目的而"刻意孤立学生"。

此外，笔者认为，教师对学生罚钱（不论数目多少，不论形式如何）、罚做连续数天的值日或打扫卫生等，都属于被禁止的变相体罚。

## 三、侵犯学生人格尊严

我国法律对人格尊严日益重视，学校与教师应当依法尊重与维护学生的人格尊严。我国《民法典》第990条规定："人格权是民事主体享有的生命权、身体权、健康权、姓名权、名称权、肖像权、名誉权、荣誉权、隐私权等权利。除前款规定的人格权外，自然人享有基于人身自由、人格尊严产生的其他人格权益。"第991条规定："民事主体的人格权受法律保护，任何组织或者个人不得侵害。"此外，我国《未成年人保护法》《义务教育法》都明令禁止侵害学生人格尊严。为此，《规则》明确规定，教师在教育教学管理、实施教育惩戒过程中，不得辱骂或者以歧视性、侮辱性的言行侵犯学生人格尊严。

（一）教师辱骂学生

顾名思义，辱骂是指用粗野或带恶意的话侮辱他人。辱骂的表现形式是"骂"，其实质是"辱"。很明显，作为教师，无论基于何种理由，都不应该辱骂学生，辱骂学生作为严重背离师德的恶行，与我们所倡导的社会主义核心价值观之"友善"可谓格格不入。此外，辱骂学生更构成对学生人格尊严的侵犯，是违反《民法典》的侵权行为，如因辱骂学生给学生的身心造成损害，还将依法承担赔偿等法律责任。

实践中，某些教师经常是骂不离口，比如说辱骂成绩差的学生为"大笨蛋"或者"猪脑子"，当然也有因丁点小事导致情绪失控故而发飙辱骂学生的。

此外，学生早恋现象一直以来都是令部分教师"深恶痛绝"的离经叛道行为，在劝说教育无效的情况下，辱骂就成了某些教师的不二选择,于是早恋的学生被骂成"人渣""败类"等比比皆是,这种辱骂我们成年人都难以承受,更何况是处于青春期的未成年学生呢!

（二）教师歧视学生

笔者认为,作为教师,歧视性的言行违反教育的平等理念,给学生带来很大的负面影响。

一方面,极易导致受歧视的学生心理异常甚至崩溃。学生作为未成年人,正处于身心发展时期,他们的心理水平与认知能力也处于比较幼稚或不成熟阶段,普遍缺乏克服困难与承受压力的意志力。因此,教师歧视性言行对学生心理的冲击力是显而易见的,且这种冲击力如果日积月累而得不到有效化解的话,则会让部分学生产生过激行为。

另一方面,将会强化学生的攻击性行为。俗话说,榜样的力量是无穷的,教师的一言一行都极易成为学生模仿的对象。因此,教师的言谈举止、价值观念都会在朝夕相处的"潜移默化"中影响学生的思想以及行为习惯。教师的歧视性言语,如果一而再再而三地出现,则必然会被部分学生模仿并进而养成攻击性人格,他们的言语也会逐渐变得尖酸刻薄,与"友善"价值观也将渐行渐远。

（三）教师侮辱学生

《规则》禁止教师采取辱骂以外的侮辱性言行侵犯学生人格尊严。相比较辱骂而言,其他侮辱性言行尽管没有辱骂那么粗鲁和野蛮,有时也可能是"骂人不带脏字"。此外,相比于动手体罚学生而言,很多家长似乎并不太重视教师歧视侮辱性语言对学生人格尊严的伤害,一方面是基于这种伤害往往不是显性的,另一方面是基于这类恶劣行为实在难以取证。但是,千万别小看这种侮辱性的言语对学生人格尊严和心灵的伤害,轻者会让孩子产生自我怀疑,长期如此,孩子的自信心更是相当于被摁在地上摩擦,重者则容易造成长远的心理创伤甚至极端行为。

综上所述,教师对学生的辱骂、歧视以及侮辱言行,最直接的后果就是侵害学生的人格尊严,最突出的表现就是教师的语言暴力。为此,要下最大的力气根治教师的语言暴力问题。一份调查表明,接受调查的小学生中有16%的学生经常受到教师语言暴力,而另一份调查则表明,41%的小学生、65%的初中生、54%的高中生认为老师的语言暴力会伤害自己和同学的人格尊严；51%的小学生、72%的初中生、39%的高中生认为老师的语言暴力给其造成了心理伤害[1]。可见，学生对教师的语言暴力是极其反感的，广大教师应引以为戒。

### 四、连坐惩罚全体学生

所谓连坐式惩罚，正如《规则》所称：因个人或者少数人违规违纪行为而惩罚全体学生，也就是说"一人犯错，全班遭殃"。

对于该条"红线"，可谓击中了某些一线教师的痛点。我们70后这一代人在成长过程中或许都有过类似经历，甚至是几代人的"共同回忆"，老师动辄因为一两位同学的犯错而惩罚全班，比如说让全班集体推迟一个小时放学等等。当然，推迟放学的"惩罚"还是轻的，如果全班学生为此被"罚跑"或被"殴打辱骂"就更为严重了。当然，社会在进步，把如此批斗大法用在年龄尚小的孩子们身上的事件并不常见了，但这种连坐式的封建遗毒还远没有到说"拜拜"的时候。

此外，在当代学校、班级管理工作中，"集体连坐"式管理也实在"不新鲜"。比如某学校推行节约粮食，规定若班级人均剩菜超过100克，就取消班级奖学金，再比如某班主任为了让同学之间能互相督促，共同进步，将班级划分了若干个小组。如果小组成员中一人有问题，其他学生将连带受罚，一起罚站或抄写课文50遍[2]……

也许，有人会说，在班级管理中采取"连坐"制度，是为了培养学生的团结意识和集体责任感，是为了让学生彼此之间能相互监督，以班级等集体荣誉来促进学生个人的进步。笔者认为，在某些正向激励下，这种连坐管理模式可能会起到某些立竿见影的效果，但不容回避的是，作为连坐式惩罚所产生的负面影响将是必然、巨大和深远的[3]：

第一，这种连坐式的惩罚无法起到真正的教育效果，反而会影响学生身心的健康发展。就因为一两个学生扰乱课堂秩序，就让其他无辜的

① 王吉全，人民网."体罚学生教师遭重罚" 山东五莲县回应舆论四大焦点.载于搜狐网[DB/OL].https://www.sohu.com/a/326161747_114731 2019-7-11\2021-7-28.
② 安青网.宿州博雅实验学校老师木条打学生 涉事老师被辞退.载于搜狐网[DB/OL].https://www.sohu.com/a/305662608_100176181 2019-4-3/2021-7-28.
③ 安青网.宿州博雅实验学校老师木条打学生 涉事老师被辞退.载于搜狐网[DB/OL].https://www.sohu.com/a/305662608_100176181 2019-4-3/2021-7-28.

学生跟着被罚,必然混淆那些守纪律学生的是非观,让其对学校规则以及学生行为准则无所适从,使其产生"反正做得好与不好一个样""做得好一样也会受罚"等想法。此外,对于那些不守纪律,真正犯错的学生来说,实际上是变相减轻了其应当承担的责任,"有锅大家一起背",根本不利于让这些犯错的学生及时纠正错误以及培养他们的规则意识与责任意识。

第二,连坐式惩罚不但没有任何理论依据,更没有任何法律依据。不管教师的出发点多么正当,都绝对不能滥用教育惩戒,绝对不能采取这种简单粗暴、投机取巧的方式,把个人责任束缚于对集体荣誉的敬畏上,把"一人有责"变成"人人有责"或"多人担责",忽视甚至侵害学生合法权益。学高为师,身正为范。在全面依法治国的大背景下,推行依法执教尤其需要老师的理解与践行。老师应该把学生当作具体生动的每一个个体来对待,找到问题的症结,以情理诚信的教育管理艺术来成风化人,让学生真正做到心服口服。教师要永远做学生知法守法的好榜样,而不是身体力行进行反面示范①。

### 五、因学业成绩而教育惩戒学生

以往教师实施教育惩戒的原因,主要有两点,一是纪律,一是成绩。在《规则》实施以后,教师的教育惩戒的主要原因将局限于学生的纪律。这将大大约束教师的惩戒方法,甚至在某种程度上会改变某些以成绩为指挥棒的教育教学方式。因此,学生的学业成绩会不会受到影响? 教师的教学业绩会不会受到影响? 学校的教学质量会不会受到影响? 我们将拭目以待。

从教育教学的理念上来说,教育部禁止教师因学生个人的成绩而教育惩戒学生是适当的,也是必要的。尤其在全社会推行"双减政策"的时代大背景下,因学业成绩而惩戒学生就更显得不合时宜。但在实践中,该禁止性规定必然造成部分老师思维混乱而无所适从,故不可不察。

（一）不得因学业成绩而教育惩戒学生的原因

第一,教育惩戒的对象是违规违纪的学生,但学生的学业成绩下降

---

① 安青网.宿州博雅实验学校老师木条打学生　涉事老师被辞退.载于搜狐网[DB/OL].https：//www.sohu.com/a/305662608_100176181　2019-4-3/2021-7-28.

或者没有取得应有的进步,与学生违规违纪存在本质的区别,因此学业成绩不好不能成为对学生实施教育惩戒的原因,"学业成绩"仅仅是无关因素。如果学业成绩可以成为"教育惩戒"的理由,则班上的"倒数"名次就必然高概率地成为"教育惩戒"的对象,这哪里又有半点教育公平与教育情怀呢? 总之,教师如因学生学业成绩问题而对其实施教育惩戒,完全背离教育惩戒的宗旨,构成教育惩戒的滥用。

第二,该禁止性规定在当前背景下具有很强的针对性,是高瞻远瞩与对症下药之举。在现行的教育招生考试体系下,考试分数也就是人们常说的学业成绩几乎成了唯一决定性的因素,"考考考,老师的法宝;分分分,学生的命根!"是现实教与学的真实写照,无论是老师、学生还是家长,都是把体现学生学习成绩的考试分数当成是唯一的追求目标,所有相关的行为都是围绕于此。因此,长期以来,学生因成绩没考好而被恨铁不成钢的教师辱骂或惩罚,可谓司空见惯的现象! 这种不合理不合法未能尊重学生人格尊严的行为可以休矣!

2021 年 3 月 7 日,在全国政协十三届四次会议第二场"委员通道"上,全国政协委员、江苏省锡山高级中学校长唐江澎明确表示,分数是重要的,但不是教育的全部内容,更不是教育的根本目标。他认为,好的教育应该是培养终身运动者、责任担当者、问题解决者和优雅生活者,要注重培养孩子们健全而优秀的人格。他说,"培根铸魂,启智润心"八个字深刻揭示了教育的使命与价值。在他看来,让幼儿园孩子养成整理东西的习惯,远比让他们早识字重要;让孩子多读书,远比让他们做阅读理解题重要。"提高国民素质,促进人的全面发展"应该成为我们社会各界的共识。从以上唐校长的真知灼见也可以得出结论,以学生的学业成绩为由惩戒学生是违背教育规律与成才规律的。

(二)教师要如何正确应对

第一,正确理解该禁止性规定,努力提升批评艺术。该规定是禁止教师因学业成绩而"教育惩戒"学生,并非禁止教师因此而"教育"学生,当学生个人成绩十分不理想或下滑较为严重时,教师完全可以采用说服教育、反向教育、方法教育等方式帮助学生找到成绩不理想或下滑严重的根源,或帮助学生树立重回"优秀行列"的信心,这本身就是教书育人的应有之义。

有教师肯定要问,教师可否因学业成绩而批评学生呢?不能一概而论。建议教师多开展友善式批评,可以对相关学生进行善意的单独交流或者批评教育,也可以在课堂上就学生的学习态度不端正等情况进行晓之以理动之以情的批评。其实,友善式批评所体现的那份关爱,相信绝大多数学生是感受得到的。

第二,克服成绩偏见,教书育人需要公正与从容。在许多教师的传统观念里,区分好学生与差学生的主要依据甚至唯一依据就是成绩,因此一提起成绩好的学生就赞不绝口,一提起成绩差的学生就嗤之以鼻,这种根深蒂固的"偏见"至今仍在深深影响我国中小学教育的进步与发展。教育呼唤平等与公正,教师理应成为楷模!

当然,想尽可能提升学生的学业成绩,这种心情可以理解,但教师们不妨以从容的心态对待学生成绩,不要碰到学生成绩不好或提升不快就急得饭也吃不香,觉也睡不着,我们唯一要做的就是提升自己的教学水平与课堂艺术,就是相信学生的成长是个渐进的过程,做到尽心尽力、问心无愧即可!公正待人,从容教学,就能摒弃因学业成绩而教育惩戒学生的陋习!

## 六、恣意惩戒

所谓恣意惩戒,即《规则》确立的"因个人情绪、好恶实施或者选择性实施教育惩戒"。其实《规则》并未明确出现"恣意"这个词眼,但笔者认为"恣意惩戒"与"因个人情绪、好恶实施或者选择性实施教育惩戒"的内涵基本吻合,因为恣意的基本词义为"放纵;不加限制;任意"等。

在实践中,教师的恣意惩戒主要体现在"免惩戒清单"上,包括教师心情好时免惩戒、学习成绩好的免惩戒、颜值高的免惩戒、家庭条件好的免惩戒等。

笔者认为,中小学生,尤其是低年级学生"向师性"强,如果教师凭个人心情或好恶选择性实施教育惩戒,使得学生时时刻刻看教师脸色行事,则学生的规则意识根本无法形成,也会最终丧失正确评价行为对错的能力。此外,如对家庭条件好的学生"免惩戒",则根本无法培育学生法律面前人人平等的理念,这种选择性惩戒与现代教育理念与法治观念是格格不入的。

当然,我国传统的"一日为师,终身为父"的传统观念,让很多人觉得教师心情不好时发发火是正常的,但是这种观点是完全不能成立的。在现代教育中,教师作为一门职业,与学生的地位完全平等,尤其在人格上并未高于学生。学生作为受教育者,是教师的工作与服务对象,教师无权因个人好恶选择针对工作对象,更不得向工作对象发泄个人情绪,正如医生不能因个人情绪给患者脸色看,司机也不能因个人情绪而奚落乘客。

在笔者的调研中,某学校校长曾向笔者讲过这样一个案例:某初中语文教师因家庭关系不和,于是经常带着个人情绪上课,动不动就对全班学生恶语相向,抓住学生一点错误就当众辱骂,后来遭到许多家长投诉,学校给了该教师严厉批评,因为学生有权享有正常的课堂环境,该教师不能把其个人的家庭矛盾带到课堂上去,学生不应该成为其家庭生活不幸的出气筒。当然,教师也并非圣贤,偶尔一两次在班上情绪的发泄,只要未对学生造成不利影响,也没有必要对其口诛笔伐,关键要让教师一方面要重视家庭建设,尽量让家庭和谐幸福,另一方面搞好情绪控制,懂得平等待人与尊重学生的价值,懂得绝对不可对学生恣意惩戒的基本道理。

### 七、指派学生实施惩戒

指派学生尤其是班干部对违规违纪学生实施惩戒甚至体罚,也是教育实践中屡见不鲜的顽疾。由于体罚学生被明令禁止,但是某些教师面对调皮捣蛋的学生可能实在是束手无策,于是就想出了以学生斗学生的"好主意",一方面达到了惩戒或惩罚学生的目的,另一方面又因为自己没亲自动手而可逃脱纪律的制裁。当家长为此投诉或举报的时候,即可用打人的孩子"误会"了老师的意思等理由进行辩解,于是很多这种指派学生实施惩戒或体罚的事例就变成了学生之间的打斗而不了了之。

笔者认为,指派学生对其他学生实施惩戒,尤其是实施体罚或者变相体罚,比教师亲自体罚或变相体罚学生危害更甚,有人甚至将其称之为"教唆未成年人犯罪的雏形版"。

笔者认为,如果学生在上课时不听话或扰乱课堂秩序,教师在制止与批评教育后,可给予适当教育惩戒措施,但这种惩戒措施的实施者只能是教师或学校,惩戒权绝不能"下放"给学生或者学生干部。

第一,学生以及学生干部作为未成年人,仍旧处于无民事行为能力人或限制民事行为能力人的阶段,其识别能力与心智水平并不具有管理其他学生的能力,给予未成年学生干部管理与惩戒其他学生的权利,很容易造成未成年学生借助来自成人的权威欺辱同学。我们口口声声反对校园欺凌,但是指派学生惩戒学生或者体罚学生,明显就是教师人为制造的另类"校园欺凌事件",被惩戒或者遭体罚的学生在心理健康以及社交能力方面无疑将受到重大影响。长此以往,法律面前人人平等的法治原则更无从在相关学生心中扎根。

第二,负责惩戒其他学生的"小干部"看似是因为表现好受到了老师的重视才有管理其他孩子的权力,然而这种权力会严重阻碍孩子发展平等友爱的社交关系,为以后的人际关系发展贻害无穷。这种畸形的权力更有可能直接改变低龄学生对学习的态度,他们很容易因为权力的诱惑,把表现好遵守纪律努力学习变成讨好老师获得"欺负其他学生权力"的工具。真可谓细思极恐,不可不防!

### 八、其他侵权惩戒

《规则》第十二条第(八)项属于一个兜底条款,也就是说,其他一切侵害学生权利的"惩戒"方式都是被禁止的。2021年1月1日,我国《民法典》正式实施,在伟大的民法典时代,每一个人的基本权利将得到切实尊重与维护,因此学校与教师更应当成为遵守民法典的楷模。在教育实践中,那些让早恋的学生当众宣读其"情书"(侵犯人格尊严与隐私权)、对拿同桌橡皮的学生"罚款"100元压岁钱(侵犯财产权)、在黑板报上张贴违纪学生照片以示惩戒(侵犯人格尊严与肖像权)等侵权行为,都应当被严格禁止。

## 第二节 触碰红线的法律后果

《规则》第十五条第二款规定:

教师违反本规则第十二条,情节轻微的,学校应当予以批评教育;情节严重的,应当暂停履行职责或者依法依规给予处分;给学生身心造成伤害,构成违法犯罪的,由公安机关依法处理。

### 一、正确界定"情节轻微"与"情节严重"

一般地讲,教师的违规行为是属于"情节轻微"还是"情节严重",要综合考虑教师违规行为发生的事前、事中及事后的各种情况进行认定:事前情况直接反映出违规教师能否真正纠错的可能性,主要包括教师平时的一贯表现、有无违规惩戒历史等;事中情况主要影响行为的社会危害性程度,主要包括惩戒动机、惩戒手段、违规惩戒侵害的对象,行为造成的损害后果等;事后情况主要是教师对已经实施完毕的违规行为的态度,包括能否主动向学校承认错误等。

### 二、对教师的处理要坚持依法与适度原则

实践中,学校一般是在接到家长投诉或举报的情况下,才得知教师存在违反规则第十二条的行为。学校面对这种情况,一定要积极应对,妥善处理,切勿奉行把头埋到沙堆里的"鸵鸟政策"。

如果学校对教师违规"情节轻微"查证属实,则应当给予批评教育,当然也只能予以批评教育,不能因为其属于"自家人"而百般袒护,更不能因为家长闹得凶或者舆情发酵而人为加重对教师的处罚。

如果教师的违规行为"情节严重",则应当暂停履行职责或者依法依规给予处分。可见,"批评教育"方式与"情节严重"就无法匹配了,必须采取更为严厉的处理方式如暂停履行职责或者依法依规给予处分才能达到严肃处理的目的。

实践中,要防止出现对违规教师的过度处分,尤其是在面对家长持续不懈投诉举报或者舆情汹涌的时候,学校与教育主管部门更要有担当与定力,一定要确保依法依规处分违规违纪教师,否则将可能造成对教师的伤害,有如下两案例为证。

【案例1】2019年4月29日下午第二节课,五莲县某中学2016级3班学生李某某、王某某逃课到操场玩耍,班主任杨老师把两个逃课学生叫回后用课本抽打了他们。

5月5日,学校给予班主任杨老师如下处分:根据五莲二中的处理决定和五莲县教体局的情况通报,两名逃课学生被叫回,之后在门厅内被班主任杨守梅"用课本抽打"。学校认为此举造成不良影响,对当事

教师做出停职,赔礼道歉,取消评先树优资格,党内警告、行政记过等处分。

两个月后,7月2日,五莲县教体局在学校已经处分的基础上对班主任杨老师做出了严苛的追加处分:扣发当事教师一年奖励性绩效工资,责成学校新学年不再与杨守梅签订聘用合同,将该教师纳入五莲县信用信息评价系统"黑名单"。

媒体曝光后,网友几乎一边倒地批评山东五莲县教体局处分教师严重不当。面对舆论质疑,五莲县教体局迅速做出回应。2019年7月11日,"今日五莲"公众号发布了《五莲一教师体罚学生被处理》文中称:追加处理决定公布后,舆论认为不再签订聘用合同、纳入信用"黑名单"等处理过重。五莲县教育主管部门对此做出解释:

教师杨某所犯过错需要严肃处理,但还达不到需将其开除的境地。此处理决定不等于将这名教师开除,其可以重新竞聘县内其他学校岗位。纳入信用信息评价系统"黑名单"是指社会信用等级降级,5年内不得参加评先树优。

具体内容如下:

五莲县教育和体育局近日对一起教师体罚学生的事件进行调查,在学校做出初步处理的情况下,做出追加处理。

经调查发现,4月29日下午,五莲某学校2名初三学生上课迟到,被班主任老师杨某责令到教室门口反省,后两人离开前往操场,被老师杨某发现后叫回。在教学楼楼道内,让学生蹲在地上,用课本抽打、脚踢等实施体罚、批评教育十多分钟。之后,学生李某家长到校发现孩子脸部、颈部、腿部等多处红肿,随即报警。辖区派出所迅速出警,依法调查,开展相关工作。按照《未成年人保护法》规定,对教师实施体罚学生的行为,应由教育部门处分。对此,派出所与教育部门进行了沟通,移交教育部门处理。

学校方面立即做了调查,经研究,对教师杨某做出如下处分:停职一个月、向当事学生和家长赔礼道歉、向学校书面检查、承担诊疗费、取消评优、师德考核不及格、党内警告、行政记过等。同时,该学校校长也主动承担管理责任,在学校办公会上做出深刻检查,并扣罚一个季度职级薪酬。

对这一处理决定,学生家长表示不服,认为教师体罚殴打学生下手太重,已越过了正规管教学生的底线,按照相关法规应从严处理。教师杨某也对自己一时冲动、做出体罚学生的举动十分后悔。五莲县教育主管部门成立调查组进行深入细致调查后，经党组会研究，认为这名教师尽管出于管教学生之目的，虽未造成严重后果，但无视国家教育法规及上级三令五申严禁体罚学生的有关规定，公然体罚学生，对学生身心造成伤害，如不严肃处理，难以防微杜渐，因此依据《义务教育法》《教师法》《教育部关于印发》以及山东省等相关规定，对教师杨某做出追加处理：扣发其2019年5月至2020年4月奖励性绩效工资；责成杨某所在学校2019新学年不再与其签订《山东省事业单位聘用合同》；将杨某自2019年7月纳入五莲县信用信息评价系统"黑名单"。

追加处理决定公布后，舆论认为不再签订聘用合同、纳入信用"黑名单"等处理过重。五莲县教育主管部门对此做出解释：教师杨某所犯过错需要严肃处理，但还达不到需将其开除的境地。此处理决定不等于将这名教师开除，其可以重新竞聘县内其他学校岗位。纳入信用信息评价系统"黑名单"是指社会信用等级降级，5年内不得参加评先树优。

五莲县教育主管部门有关负责人表示，体罚学生为国家法律法规明令禁止，任何教师违反此禁令都将受到严肃处理。教师杨某已付出沉痛代价，教训深刻，希望全县教职员工以此为戒，对学生要严管厚爱、不越底线，更好地承担教书育人的神圣使命。

笔者认为，五莲县教体局对杨老师的处分明显存在过度的问题，因为涉事老师虽然在惩戒学生过程中存在不规范行为，但并没有造成严重后果，更不具有屡教不改的情节，因此处分的主体是其学校而非教育主管部门。且杨老师所在学校已经责令其改正，促使其道歉以及给予了其他处分，其实这种处分已经比较严重。由于家长不服继续投诉，提出其他处理要求，五莲县教体局可能是为了息事宁人，才做出不合理的过度追加处理决定。

2019年7月28日，五莲县人民政府官网发布情况通报，7月23日教体局已撤销对杨老师追加处理决定。根据涉事老师个人意愿，已将其从原学校调往五莲一中。情况通报的具体内容为：

目前，我县发生教师杨某体罚学生事件。县委、县政府高度重视，对教体局、学校进行了严肃批评教育，7月23日教体局已撤销追加处理决定。根据涉事老师个人意愿，已将其从原学校调往五莲一中。

目前，当事双方已协商达成和解。县委、县政府全力做好教师学生的后续安抚、思想工作。下一步，我们将举一反三，采取有效措施，加强师德师风建设,切实维护好师生合法权益。

五莲县人民政府

2019 年 7 月 28 日

杨老师事件终于有了一个较为圆满的结果,相信该事件给我们的社会提前上了一堂生动的"教育惩戒"普法课,相信对于杨老师本人、相关学校以及教体局都必将留下终生难忘的记忆。还是五莲县人民政府说得好,要切实维护好师生合法权益,请注意这是双方的合法权益,手心手背都是肉,切不可偏废,教师的教育惩戒权与学校及教育主管部门的处分权都不可任性!

【案例 2】2019 年 3 月 29 日晚自习时间,宿州市博雅某学校 90 后的英语教师许某某对 20 多位未能达到其预定考试分数的学生进行不同程度的体罚,使用笤帚木把先后对该班 20 余名学生进行体罚,造成多名学生腿部、臀部、背部等部位淤血、红肿,班主任李某某在旁目睹了这一切。

纸是包不住火的,学生家长发现后,集体向学校以及主管教育部门讨要说法。宿州市教体局、埇桥区教体局对涉事学校做出严肃处理:给予涉事学校 2019 年度办学年检不合格等次、警告处分。涉事教师许某某、班主任李某某被学校辞退;事发现场未及时制止体罚学生的其他 4 位教师受到严肃处理;初中部校长被免除职务;学校就不当行为向学生和家长公开道歉;对涉事学生进行积极妥善的身体治疗康复和心理疏导工作。

除此之外,埇桥区教体局做出《行政处罚决定书》,认为许某某的行为违反了《新时代中小学教师职业行为十项准则》以及《中小学教师违反职业道德行为处理办法》规定,依据《教师资格条例》规定撤销其所持有的教师资格证。

教师资格证被撤销后,许某某不服,一纸诉状将埇桥区教体局起诉至法院,请求法院撤销教体局做出的撤销其教师资格证的行政处罚决定。

许某某认为,她在学校任教期间兢兢业业,对学生负责,教体局对她做出吊销教师资格证行为,是适用法律法规错误。"按照品行不良、侮辱学生、影响恶劣,给我做出撤销教师资格证的处罚。"许某某称,她认可有体罚学生的行为,但体罚学生的行为不属于应予撤销教师资格的情形,体罚行为不属于侮辱学生的行为,而且埇桥区教体局已责令学校对其予以辞退,学校已对她做出开除决定,她已经被处罚,不应该再被撤销教师资格证。

对此,埇桥区教体局答辩认为,许某某对学生进行体罚的行为造成学生臀部、背部红肿,并造成恶劣的社会影响,其行为违反相关准则、办法的规定,与现行的教育政策、方针相违背,该行为属于《教师资格条例》规定的情形,该条规定品行不良、侮辱学生,影响恶劣的应当撤销教师资格,许某某的行为属于侮辱学生行为,教体局对许某某做出的行政处罚并无不当。

埇桥区法院一审认为,依据《教师资格条例》之规定,有下列情形之一的,由教育行政部门撤销其教师资格:弄虚作假、骗取教师资格的;品行不良、侮辱学生,影响恶劣的。

本案中,许某某预先让学生设定考试分数目标并对未达设定目标分数的学生进行体罚的行为事实清楚,确实造成了较为恶劣的社会影响,已受到案涉学校的解聘开除处分,但《教师法》将体罚学生的行为与品行不良、侮辱学生的行为明确分项列出,且《教师资格条例》也完全引用了《教师法》的相应款项作为撤销教师资格的相应法律依据,因此,埇桥区教体局对许某某体罚学生行为所做的行政处罚,虽然认定事实清楚,程序合法,但适用法律错误,应予以撤销。于是,一审法院判决,撤销埇桥区教体局对许某某做出的行政处罚决定。

埇桥区教体局不服一审判决,提起上诉。

宿州中院二审认为,许某某的行为能否认定为属侮辱学生的行为,是案件的焦点。根据相关法律规定,体罚学生与侮辱学生属于不同的行为,所谓的侮辱学生,应指教师使用言语或动作侮辱学生的人格尊严。而体罚是希望通过对学生身体的惩罚达到教育的目的,其追求的并非是达到侮辱学生人格、伤害学生心灵的效果。许某某的行为应认定为体罚学生,而非侮辱学生,埇桥区教体局认为许某某的行为属侮辱学生的理由不能成立。许某某已被学校辞退,其已经为自身的不当行为付出代价,根据过罚相适的原则,埇桥区教体局也不宜再对其做出吊销教师资格的处罚。

2021 年 7 月,宿州中院做出终审判决,驳回上诉,维持原判。

可以说,该案经中级人民法院终审判决后已经尘埃落定,但该案带给我们的启示却是诸多而久远的。

第一,教师一定要加强情绪管理。无论基于何种事由,无论碰到何种难题,教师都要加强情绪管理,像本案中的教师徐某某在不良情绪的驱使下一口气"体罚"如此多的学生,尽管笔者也认为其本意不是为了侮辱学生人格,但的确造成了极其恶劣的影响,也给自己带来了巨大影响,教训实在太深刻。

第二,教师一定要注重师德师风。师德师风是评价教师素质的第一标准,如果连起码的师德师风都没有,就肯定不是一名合格的教师。广大教师一定要按照教育部 2018 年 11 月 8 日颁布的《新时代中小学教师职业行为十项准则》认真审视与规范自己的行为。教师的师德师风体现在方方面面,其中当然包括了不能体罚和变相体罚学生。从教师的角度来看,管理学生有难度,压力大,这些都完全可以理解,但绝对不能用简单粗暴的方式去"惩罚"学生。笔者认为,本案中的主管教育部门以徐某某违反职业行为基本准则为由从严处分徐某某的基本观点应予以充分肯定。

第三,主管教育部门一定要依法依规处分教师。本案最关键的争议焦点在于徐某某的行为是体罚学生还是侮辱学生,因为《教师资格条例》并未规定体罚学生可以"撤销教师资格"。因此,尽管埇桥区教体局在做出"撤销教师资格"的行政处罚决定时认定事实清楚,程序合法,但终因适用法律错误导致其行政处罚决定被撤销,这也给广大的教育行政部门上了一堂生动的法治课。

### 三、违法犯罪的由公安机关依法处理

一旦教师触碰红线的行为"给学生身心造成伤害"并构成违法犯罪,学校应当及时交由公安机关处理。

笔者认为,根据我国《治安管理处罚法》的规定,这种"给学生身心造成伤害"的违法行为最常见的包括"侮辱学生"与"殴打学生"。根据该法第四十二条规定:公然侮辱他人的,处 5 日以下拘留或者 500 元以下罚款;情节较重的,处 5 日以上 10 日以下拘留,可以并处 500 元以下罚款。第四十三条规定,殴打他人的,或者故意伤害他人身体的,处 5 日以上 10 日以下拘留,并处 200 元以上 500 元以下罚款;情节较轻的,处 5 日以下拘留或者 500 元以下罚款。

其实,以殴打等方式体罚学生以及侮辱学生也是我国《教师法》明令禁止的,如果教师故意或放任上述违规行为肆意发展,则离涉嫌犯罪

就只有一步之遥了。该法第三十七条规定:"教师有下列情形之一的,由所在学校、其他教育机构或者教育行政部门给予行政处分或者解聘。(一)故意不完成教育教学任务,给教育教学工作造成损失的;(二)体罚学生,经教育不改的;(三)品行不良、侮辱学生,影响恶劣的。教师有前款第(二)项、第(三)项所列情形之一,情节严重,构成犯罪的,依法追究刑事责任。"也就是说,如果教师体罚学生或者侮辱学生,在客观上已经给学生的身心造成伤害且该行为达到我国《刑法》规定的"情节严重"标准,则绝非行政处分或者解聘所能解决的问题,学校唯一且正确的选择就是将教师队伍中的"害群之马"交由司法机关追究其刑事责任!

近年来,教师因体罚或者侮辱学生被追究刑事责任的案例并不多见,证明了我国的法治建设与师德师风建设取得了长足的进步。

笔者认为,教师必须尊重学生人格尊严,任何有损孩子尊严的行为都应当受到谴责,任何因侮辱或体罚学生而触犯刑法的行为都应被追究刑事责任。如此,不仅可以维护法律的尊严,同时为孩子们的身心健康成长创造出一个有利的社会环境。

# 第六章　教育惩戒的救济权利

教育惩戒作为一种必要的"恶",其本身并非一种积极的教育手段,对于受惩戒的学生而言,必然意味着某种程度上的痛苦或者不愉快。因此,学校与教师在实施教育惩戒时,应始终遵循教育原则与比例原则,切实做到敢用、善用与慎用,在无理由、无效、无益、无必要的情形下应坚决摒弃教育惩戒的适用。此外,教育惩戒更要以法治原则为内在精神,缺失法治正义,教育惩戒也就失去了其存在的基础。任何教育惩戒决定的实施,都必须经过正当严谨的程序,防止惩戒的乱用与滥用,避免武断与偏私,避免主观随意性[①]。否则,教育惩戒的实施者会因不审慎或不合规而受到否定性评价或者承担相应责任。

但是,无救济则无权利,仅仅对学校与教师施加强有力的制度约束与道德约束尚不足以体现教育惩戒的法治精神,尚不足以保障学生的合法权利不受侵害。因此,当学生或者家长对特定教育惩戒措施不服时,不管其"不服"是否具有正当事由,都应当给予其必要且充分的回应与救济。法律谚语云,正义不仅要得到实现,而且要以看得见的方式得到实现。惩戒救济权的有效保障与广泛行使,既能有效削减学生与家长的"不满"情绪,减少对学校与教师潜在的报复与伤害,更能让学生在其未成年时就与家长、教师与学校等有关主体一起参与到生动的法治实践中来,有利于培育全民的法治素养以及推进法治社会的建设。

《规则》构建了较为完整的救济权体系,既包括学生"事中"享有的陈述与申辩权,学生或者家长的申请听证权,以及家长"事后"的投诉与举报权,更包括学生或家长对严重教育惩戒措施不服时的申诉权、申请复核权、提起行政复议或者行政诉讼权。上述救济体系包含诸多制度创新,比如学生申诉委员会等,必须予以认真探讨与研究。

---

① 胡金木.教育惩戒的学问: 既不能"弃用",亦不能"滥用".载于光明日报[J/OL].https: //baijiahao.baidu.com/s?id=1685460794966466331&wfr=spider&for=pc. 2020-12-8/2021-7-28.

# 第一节　陈述、申辩权与申请听证权

《规则》第十四条第一款规定:

学校拟对学生实施本规则第十条所列教育惩戒和纪律处分的,应当听取学生的陈述和申辩。学生或者家长申请听证的,学校应当组织听证。

## 一、陈述与申辩权的行使

如果学生不能对其认为不利的惩戒决定进行陈述与申辩,必然会产生强烈的不公正感或者挫败感,因此务必高度重视与保障学生享有该项权利。从行政法的角度讲,如学校没有依法保障学生的陈述与申辩权,则可能因程序"违法"而导致其做出的严重惩戒决定或纪律处分被宣布无效或被撤销[①]。

当然,享有陈述与申辩权的主体原则上只能是小学高年级、初中和高中阶段的学生,因为只有他们才有可能受到《规则》第十条所规定的严重教育惩戒措施。对于《规则》第八条确立的轻微教育惩戒措施与第九条确立的较重教育惩戒措施,并未赋予受惩戒学生陈述与申辩权,主要考虑是这两种教育惩戒对学生的影响相对较小,且即时实施,不会造成持续性影响。当然,《规则》未赋予学生上述情形下的陈述与申辩权,并不意味着学生就不可以陈述与申辩,教师与学校也应当认真倾听学生对惩戒不服提出的意见。

为切实保障学生的该项权利,学校需要从以下三个方面着手[②]:

一是事先说明理由。学校在做出严重教育惩戒决定或者纪律处分之前,应当告知学生严重教育惩戒决定或者纪律处分决定做出的理由,以便听取学生的陈述与申辩。

原则上学校应以书面形式说明理由,如以口头形式进行说明的,应记录在案,并让学生签名。

二是事中听取意见。学生可以书面形式进行陈述与申辩,如以口头

---

① 王晓强,戴栗军.教育惩戒权的行政法规制 [J].高教探索,2020(01):24-30.

② 同上.

形式进行陈述与申辩的,同样也应记录在案,并让学生签名。

三是事后告知权利。严重教育惩戒或者纪律处分决定做出后,学校要以书面形式告知学生在何时、以何种方式、向何机关提出不服审查的请求,保障其救济权利。

## 二、听证的组织

在学生或者家长不服学校拟对学生实施本规则第十条所列教育惩戒和纪律处分时,可申请听证,学校应当组织听证。可见,申请听证对于学生或者家长而言是权利,既可以行使也可以放弃。

对于广大学校而言,教育惩戒领域的听证无疑是个新生事物,为此,有必要从行政法的本源上对听证做必要的介绍。

### (一)行政法上的听证

所谓听证,指的是行政机关在做出有关行政决定之前,听取行政相对人陈述、申辩、质证的程序。听证是行政法上听取利害关系人的意见的重要法律程序,听证已成为当今世界各法治国家行政程序法的一项共同的、同时也是极其重要的制度。听证制度的发展顺应了现代社会立法、执法的民主化趋势,也体现了政府管理方式的不断进步。

根据我国新修订的《行政处罚法》第六十三条规定:

行政机关拟作出下列行政处罚决定,应当告知当事人有要求听证的权利,当事人要求听证的,行政机关应当组织听证:

(一)较大数额罚款;

(二)没收较大数额违法所得、没收较大价值非法财物;

(三)降低资质等级、吊销许可证件;

(四)责令停产停业、责令关闭、限制从业;

(五)其他较重的行政处罚;

(六)法律、法规、规章规定的其他情形。

当事人不承担行政机关组织听证的费用。

### (二)教育惩戒听证的价值

作为一种特殊的教育手段,教育惩戒尤其是严重教育惩戒以及纪律处分可能会对学生的人格等合法权益带来不正当的减损,并连带影响其家长的尊严和其他权益。因此在做出严重教育惩戒决定和纪律处分前,允许和保障学生及其家长的听证权具有十分重要的价值。

第一,让学校可以兼听则明,确保决定的实体公正。严重教育惩戒和纪律处分决定做出的主体是学校,仅仅依据教师及相关学生提供的证据,则难免有"偏听偏信"之嫌,如能够让听证人员无偏私地耐心听取学生及其家长的陈述和申辩意见,就能最大限度让学校的决定接近客观事实真相。

第二,减少学生及其家长对惩戒决定的不满,化解家校矛盾。听证之后,也许学校不会更改拟做出的惩戒决定或者纪律处分决定,但是听证仍然具有独立的程序性价值。它体现了学校对学生与家长的关爱与尊重,它本身所具备的公平公正反过来又会赢得更多学生和家长对学校工作的理解与支持。

### (三)教育惩戒听证程序的设置

学校可以通过校规校纪的完善,根据学校实际情况并参照通常的行政听证程序对教育惩戒听证程序进行科学设置,建议如下。

第一,在学校告知学生及其家长可申请听证权利后,拟受严重教育惩戒或纪律处分的学生或者家长如申请听证的,应当在学校告知可申请听证权利后的五个工作日内向学校提出。拟受惩戒或处分的学生或者家长提出申请听证的方式,一般应为书面形式,当然也可以是口头形式。对口头形式提出的听证申请,学校的工作人员应当记录在案,以确认拟受惩戒或处分的当事人行使了申请听证权利的事实。

第二,学校在收到学生或者家长的听证申请后,应当着手准备有关举行听证的事项。学校可以在听证的七个工作日前,将举行听证的时间、地点通知申请听证的学生或者家长及其委托代理人,还要通知其他有关人员,比如说校园欺凌事件的受害学生。为保证听证的有效性,听证通知应当以书面形式送达申请听证的当事人及其委托代理人和有关人员。

这里的委托代理人主要指执业律师,当然也包括其他具有代理能力且适合代理的成年公民。

第三,除涉及国家机密、商业秘密或者个人隐私外,听证应当公开举行。学生家长等其他成年公民可以参加旁听,也可允许新闻记者进行采访报道。

第四,听证应当由学校指定的与本次惩戒或处分无关联性的人员主持。比如说,参与过此次惩戒事件调查的学校工作人员不宜作为听证主持人员。这种调查与听证人员的分离,有助于确认调查结果的公正性、全面性。当事学生或者家长认为主持听证的人员与本案有直接的利害关系的,有权向学校申请其回避。比如,对学生拟做出惩戒决定的老师便不得作为听证主持人,其应当自行回避,这主要是为了防止先入为主的偏见;一旦听证主持人存有偏私或利害关系,听证结论便难以获得学生的尊重和信任。所以应建立适当的退出机制,允许学生或者家长对有利害关系的老师提出异议,从而保障程序公正[1]。

第五,听证应制作笔录。笔录应当交当事人或者其代理人核对无误后签字或者盖章。当事人或者其代理人拒绝签字或者盖章的,由听证主持人在笔录中注明。

第六,听证结束后,学校应当根据听证笔录,依照《规则》相应的规定,及时做出是否对学生给予严重教育惩戒或者纪律处分的决定。在此,一方面要强调"听证笔录"的重要价值,它对学校是否做出决定以及做出何种决定都应该发挥不可替代的作用;另一方面就是学校要及时做出决定,确保决定的公正与效率[2]。

# 第二节　投诉与举报权

《规则》第十六条第二款规定:

家长对教师实施的教育惩戒有异议或者认为教师行为违反本规则第十二条规定的,可以向学校或者主管教育行政部门投诉、举报。学校、教育行政部门应当按照师德师风建设管理的有关要求,及时予以调查、处理。家长威胁、侮辱、伤害教师的,学校、教育行政部门应当依法保护教师人身安全、维护教师合法权益;情形严重的,应当及时向公安机关

[1]　王晓强,戴栗军.教育惩戒权的行政法规制[J].高教探索,2020(01):24-30.
[2]　行政处罚适用听证程序的步骤.载于华律网[DB/OL].https://www.66law.cn/laws/1560230.aspx　2020-10-29/2021-7-28.

报告并配合公安机关、司法机关追究责任。

### 一、投诉与举报的内涵

投诉与举报是公民依法享有的民主权利,但二者的内涵既有联系又有区别。投诉一般是指权益被侵害者本人对涉案组织侵犯其合法权益的违法犯罪事实,有权向有关国家机关主张自身权利。投诉人,即为权益被侵害者本人。而举报是指公民或者单位依法行使其民主权利,向司法机关或者其他有关国家机关和组织检举、控告违纪、违法或犯罪的行为。

《规则》在此确定的"投诉与举报",其内涵与我们如上通常所称的"投诉与举报"存在较大的区别。所谓投诉,是指受惩戒学生的家长对教师实施的教育惩戒有异议,或者认为教师违反规则第十二条而侵害其孩子合法权益的情形下,向特定机关主张权利的行为。投诉人即为当事学生的家长。而举报,则指非当事学生的家长对教师实施的教育惩戒有异议,或者认为教师违反规则第十二条而侵害其他孩子合法权益的情形下,向特定机关检举与控告的行为。

### 二、投诉与举报的对象

从《规则》的界定可知,家长投诉与举报的对象包括两个方面:其一是对教师实施的教育惩戒行为有异议;其二是认为教师存在触碰教育惩戒红线的行为。

笔者认为,家长投诉与举报的主要对象为教师触碰红线的行为,红线即底线,是全社会均不可容忍且人人喊打的。至于对教师实施的教育惩戒进行的投诉与举报,不会成为主流,因为根据《规则》第八条之规定均为轻微教育惩戒,也就是说,家长只有权对教师实施的轻微教育惩戒行为进行投诉与举报。从实践来看,轻微教育惩戒一般不会引发家长过度的异议与反感。

在此,笔者认为《规则》在设置投诉与举报权利的时候,存在明显的瑕疵。《规则》第九条与第十条规定的为较重教育惩戒与严重教育惩戒,其实施主体均为学校,因此家长无权对上述两种惩戒进行投诉与举报,但《规则》赋予了家长有权对严重教育惩戒进行申诉,有更为严格有效的救济途径。这里就存在明显的漏洞,即家长如对学校实施的较重教育惩戒措施,既不可以投诉与举报,更无权进行申诉。该问题有待以后的实施细则予以完善。

### 三、受理投诉与举报的部门

受理对教师投诉与举报的部门包括学校与主管教育行政部门,家长既可以向学校进行投诉与举报,也可以直接向主管教育行政部门进行投诉与举报。

笔者认为,投诉与举报原则上应以书面方式进行,如以口头方式进行的,学校或者教育行政部门应记录在案。

### 四、投诉与举报的处理

在接到家长的投诉与举报后,根据《规则》的规定:"学校、教育行政部门应当按照师德师风建设管理的有关要求,及时予以调查、处理。"这种调查与处理既要依据师德师风管理要求,依据法律与《规则》的明确规定,也要符合及时高效的原则,防止踢皮球与久拖不决等情形出现。对于教师实施的教育惩戒措施确实违规或不妥的,或者教师确实触碰了基本红线的,绝不护短,要及时对教师做出相关处理决定。当然,如家长借投诉与举报之名,行威胁、侮辱、伤害教师之实,学校、教育行政部门应当依法保护教师人身安全、维护教师合法权益,要旗帜鲜明为教师撑起保护的晴空;对于情形严重的,学校与教育行政部门要敢于亮剑,应当及时向公安机关报告并配合公安机关、司法机关追究责任。

在实践中,学校对于家长的投诉与举报进行处理后,一定要及时向家长进行反馈与沟通,并密切关注事态的进一步发展,以免问题恶化与升级。2018年发生在无锡的一个相关案例值得我们深思:

【案例】2018年9月17日,扬子晚报紫牛新闻报道了《家长起诉老师和学校索赔1元:孩子遭到体罚和嘲讽孤立》一文,讲述了无锡某实验学校的一名老师,被班上孩子的家长张先生起诉的事件。张先生发现,本来温和开朗的儿子凡凡四年级时开始不愿上学,并且说出了"枪是用来打老师的"之语。张先生从凡凡的日记里得知,班主任孙老师经常体罚学生,用戒尺乱打学生。张先生想办法提醒老师之后,这名老师开始孤立嘲讽凡凡。张先生于是向学校投诉,学校给该老师停课三天的处分,但当该老师回到学校后,凡凡再次受到了孤立和攻击。张先生不得不给凡凡办转学,并提出起诉,要求孙老师正式道歉并赔偿精神损害抚慰金 1 元。

次日即 9 月 18 日,涉事学校无锡某实验学校发布声明予以回应:2018 年 6 月 12 日上午,我校接到了四(1)班学生张××家长关于"金桥双语实验学校(新城校区)四(1)班语文老师兼班主任孙老师体罚、变相体罚学生的投诉。学校高度重视,立即展开调查,经调查发现情况基本属实。对此,学校依据有关规定于 2018 年 6 月 14 日对孙老师作出以下处理:1.责令孙老师停职检查,进行深刻反省;2.本年度师德考核一票否决;3.取消本学期绩效工资;4.两年内不得评先评优和职称晋级;5.向有关学生赔礼道歉。次日,学校将调查情况和处理意见向投诉家长作了反馈,并报送滨湖区教育局备案。

针对当前家长以个人名义召开发布会提出的一些想法,学校将与家长进一步保持沟通,并将相关责任教师调离一线教学岗位。家长如有诉之司法的要求,校方将积极配合。

同时,我校将以此为鉴,举一反三,结合当前师德师风教育的新要求,组织相关法律法规学习培训,加强警示教育,强化学校教师职业道德建设的常态化与规范化,促进全体教师依法从教、依法施教,对违规违纪的教师和行为坚决查处,绝不姑息①。

笔者认为,无锡某实验学校在 2018 年 6 月 12 日接到家长张先生关于教师孙老师"体罚、变相体罚学生"的投诉后,于 6 月 14 日就做出了处理决定,其做出决定的速度不可谓不迅捷,决定的内容不可谓不严厉,但其效果却不尽人意,导致双方对簿公堂。学校的失误至少有二:一是首次处理结果没有痛下决心将孙老师"调离一线教学岗位",客观上导致"凡凡再次受到了孤立和攻击";二是学校在将调查情况和处理意见向家长反馈并向教育局备案后,没有推心置腹地再与家长保持深入沟通,导致信息不对称,最终为此陷入十分被动的局面。

① 张建波. 孩子遭到体罚和嘲讽孤立家长起诉老师和学校索赔 1 元. 牡丹晚报 [J/OL]. http://epaper.hezeribao.com/shtml/mdwb/20180919/423108.shtml 2018-9-19/2021-7-28.

# 第三节　申诉权

《规则》第十七条规定：

学生及其家长对学校依据本规则第十条实施的教育惩戒或者给予的纪律处分不服的，可以在教育惩戒或者纪律处分作出后十五个工作日内向学校提起申诉。

学校应当成立由学校相关负责人、教师、学生以及家长、法治副校长等校外有关方面代表组成的学生申诉委员会，受理申诉申请，组织复查。学校应当明确学生申诉委员会的人员构成、受理范围及处理程序等并向学生及家长公布。

学生申诉委员会应当对学生申诉的事实、理由等进行全面审查，作出维持、变更或者撤销原教育惩戒或者纪律处分的决定。

## 一、学生申诉委员会的概念

所谓学生申诉委员会，是指中小学校成立的，专门受理并复查学生及其家长对严重教育惩戒与纪律处分决定不服提出的申诉，并有权对学校有关决定做出"维持、变更或者撤销"决定的专门机构。笔者在上文中提到过，《规则》当中有许多制度创新，学生申诉委员会无疑是其最重要的体现。如果全国绝大多数中小学校有朝一日都能按照《规则》的要求成立学生申诉委员会，并能让该机构娴熟地履行职责，则教育惩戒制度的实施一定会遍地开花，从而有力地推进教育管理法治化的历史进程！

## 二、学生与家长可申诉的法定情形

根据《规则》第十条规定，小学高年级、初中和高中阶段的学生因违规违纪情节严重或者影响恶劣，学校可给予"严重教育惩戒"，包括：

（一）给予不超过一周的停课或者停学，要求家长在家进行教育、管教；（二）由法制副校长或者法制辅导员予以训诫；（三）安排专门的课程或者教育场所，由社会工作者或者其他专业人员进行心理辅导、行为干预。此外,对违规违纪严重,或者经过多次教育惩戒仍不改正的学生,学校可以给予警告、严重警告、记过或者留校察看的纪律处分。对高中阶段学生,还可以给予开除学籍的纪律处分。

上述小学高年级、初中和高中阶段的学生及其家长如果对上述严重教育惩戒措施不服或者纪律处分不服,也可以提出申诉。

### 三、学生申诉委员会的组成

根据《规则》的规定,学生申诉委员会由如下五类人员组成:

第一是学校相关负责人:包括学校的校长、主管副校长以及德育主任等;

第二是教师:当然应是德才俱佳的教师代表;

第三是学生:对于小学,可以将小学高年级的优秀学生吸引到申诉委员会中来,对于中学,则可以在学生会中选拔优秀干部参加;

第四是家长:可以在家委会中物色合适成员;

第五是法治副校长等校外有关方面代表:如没有聘请法治副校长,或者法治副校长不适宜履行职责的,建议聘请专业律师以法律顾问身份参加到委员会中来。

至于学生申诉委员会的具体人数,不能一概而论。对于规模较小的学校而言,人数不宜太多,只要五类人士均有即可;如学校规模较大,则人数可适当增加,尤其是增加学生与家长代表的人数,以更好地体现教育惩戒的育人本质与开放特性。

当然,不论规模大小,最好是单数,以便在议而不决时采取“少数服从多数”的民主表决机制。

### 四、申诉委员会的公布

为倒逼学校依法成立学生申诉委员会并最大限度发挥其价值,让该制度创新获得更多的理解与支持,更为了让学生及其家长对严重教育惩戒与纪律处分不服的救济权落到实处,《规则》强调:学校应当明确学生申诉委员会的人员构成、受理范围及处理程序等并向学生及家长公布。

### 五、学生申诉委员会的具体职责

简而言之,就是受理申诉申请,组织复查。《规则》明确规定,学生申诉委员会应当对学生申诉的事实、理由等进行全面审查,做出维持、变更或者撤销原教育惩戒或者纪律处分的决定。

可见,学生申诉委员会并非一般意义上的咨询机构,而是有权做出"维持、变更或者撤销原教育惩戒或者纪律处分的决定"的权力机构,对于其决定,学校必须服从,也就是说对于学生申诉委员会做出的决定,如学校认为不公平或者存在问题,也不能更无权以学校的名义强行改变或撤销。但是,该机构做出的决定对学生或者家长并不必然发生约束力,学生或者家长仍然可以继续寻求救济。

### 六、申诉程序的设置 ①

在《规则》实施细则出台之前,学校可以通过校规校纪的完善,根据学校实际情况对教育惩戒申诉程序进行科学设置,建议如下:

第一,申请程序。学生及其家长在接到教育惩戒决定(含纪律处分决定,下同)之日起十五个工作日内,向学生申诉委员会提出口头或书面申请。书面申请需载明申请人的信息、申诉事由、申诉理由、申诉要求等。

第二,受理程序。学生申诉委员会针对学生及其家长的申诉,应在收到申诉后当场进行形式审查,如果学生及其家长的申诉明显不符合《规则》确定的情形,比如说学生及其家长对轻微教育惩戒进行申诉,或者是某家长对其孩子同桌受到的教育惩戒进行申诉,则可做出不予受理的决定,并出具书面凭证,同时告知其依法向学校或者主管教育行政部门进行投诉或举报。

第三,审查程序。这是教育惩戒申诉机制的核心程序。受理学生或者家长的申诉后,学生申诉委员会应当在五个工作日内对学生申诉的事实、理由等进行全面审查,以书面审查为原则,主要围绕双方所提供的证据展开,必要时可以听取申请人、利害关系人、有关教师及其他学生

---

① 王晓强,戴栗军.教育惩戒权的行政法规制[J].高教探索,2020(01):24-30.

的意见。

在举证责任的承担问题上,笔者认为可参照行政诉讼中的举证分配原则,即学生及其家长只要证明学校对学生做出了严重教育惩戒决定,该惩戒决定的合法合规性问题则由学校承担举证责任,否则应承担举证不能的法律后果[1]。当然,学生及其家长享有举证权利,可以提供证据用以证明惩戒决定违反法律规范或校规校纪,但其提供的证据不成立的,并不能免除学校应当承担的举证责任。

在此需要特别指出的是,学校在做出严重教育惩戒决定前就应当确保实施清楚与证据确实充分,因此一旦决定做出,且学生及其家长已经就该决定提出申诉,则学校不得再自行调查取证。

第四,决定程序。申诉委员会的角色是审视惩戒决定的正当性,因此其决定不得加重处分或减损学生权益,否则必将导致申诉程序名存实亡。申诉委员会应当在十五个工作日内根据审查阶段的证据做出相应的决定,惩戒决定的事实清楚、证据充分、依据正确、程序正当的,做出维持的处理决定;惩戒决定的事实、依据、程序等存在不当,则可以做出撤销或变更的处理决定。

## 七、成立学生申诉委员会是学校法定义务

《规则》的出台以及"教育惩戒权"的确立,是中国中小学教育史上的里程碑事件,唯有广大学校与教师敢于并善于依法行使教育惩戒权,才能从根本上达到制度设定的初衷。

从某种意义上说,行使教育惩戒权就是要通过"惩戒"手段培养相关学生的规则意识与责任意识,并且这种教育惩戒措施并非都是温柔的和风细雨,在特定情形下,学校要敢于担当与硬碰硬,也就是说对学生的严重违纪违规行为,要敢于依法亮剑,要敢于向极个别无法无天的"小霸王"宣战!及时正确行使"严重教育惩戒"或者纪律处分,是实施《规则》的应有之义!

当今社会青少年违法犯罪现象令人忧虑,与我们的中小学校在其就读时过于"仁慈"不无关联!对于某些孩子而言,今日受学校的教育惩戒,明日可免受国家的"行政处罚"甚至"刑事处罚"!

---

[1] 王晓强,戴栗军.教育惩戒权的行政法规制[J].高教探索,2020(01):24-30.

但是,对学生实施的任何教育惩戒都可能损害学生人格尊严等合法权利,必须充分保障学生的陈述、申辩以及其他救济权利。因此,依据《规则》的规定及时成立"学生申诉委员会",确保学生或者家长在法定情形下能"状告有门",就成为学校义不容辞的法定义务,并且是第一要务！ ①

# 第四节　申请复核权

《规则》第十八条规定:

学生或者家长对学生申诉处理决定不服的,可以向学校主管教育部门申请复核。

## 一、申诉处理决定的效力

学生申诉委员会做出的维持、变更或者撤销原教育惩戒或者纪律处分的决定,对学校具有约束力,学校可采取适当方式向社会公开决定内容。

但是,申诉处理决定对学生或者家长并不具有绝对的约束力,学生或者家长既可以就此"息诉",也可以寻求进一步的救济,那就是向学校主管教育部门申请复核。

## 二、复核程序的构建

笔者建议参照道路交通事故责任认定复核程序构建教育惩戒复核程序。

（1）学生或者家长对学生申诉处理决定不服的,可以自学生申诉处理决定书送达之日起三个工作日内,向学校主管教育部门提出书面复核申请。

---

① 于彩丽．教师惩戒出格　学生"告状有门"．载安徽财经网[DB/OL]．http：//www.ahcaijing.com/html/2021/anhui_0310/231789.html　2021-3-10/2021-7-28.

复核申请应当载明复核请求及其理由和主要证据。

学校主管教育部门实行受理登记制,对于符合形式要件的书面复核申请均应予以受理,并书面通知学校及学生申诉委员会。

(2)学校主管教育部门自受理复核申请之日起三十日内,对下列内容进行审查,并做出复核结论。

第一,学生申诉处理决定事实是否清楚,证据是否确实充分,适用依据是否正确;

第二,学生申诉处理决定是否公正;

第三,学生申诉处理决定的认定程序是否合法合规。

复核原则上采取书面审查的办法,但是有关当事人提出要求或者学校主管教育部门认为有必要时,可以召集各方当事人到场,听取各方当事人的意见。

(3)学校主管教育部门经审查认为原学生申诉处理决定事实不清、证据不确实充分、惩戒决定或者处分决定不适当,或者调查及认定违反法定程序的,应当直接做出撤销或者变更的复核结论。

学校主管教育部门经审查认为原学生申诉处理决定事实清楚、证据确实充分、适用法律正确、惩戒决定适当、认定程序合法的,应当做出维持原学生申诉处理决定的复核结论。

学校主管教育部门做出复核结论后,应当召集各方当事人,当场宣布复核结论。当事人没有到场的,应当采取其他法定形式将复核结论送达当事人。

学校主管教育部门的复核应以一次为限。

# 第五节　提起行政复议或者行政诉讼权

《规则》第十八条规定:

学生或者家长对学生申诉处理决定不服的,可以向学校主管教育部门申请复核;对复核决定不服的,可以依法提起行政复议或者行政诉讼。

### 一、复核决定的效力

对学校教育主管部门做出的复核决定,学校与学生申诉委员会应当无条件服从,但学生或者家长对复核决定不服的,可以依法提起行政复议或者行政诉讼。

笔者认为,《规则》第十条规定的都是对学生实施的严重教育惩戒措施或者纪律处分,尽管在做出之前已经依照规定听取了学生的陈述与申辩,甚至举行了听证,但是仍存在损害学生人格尊严等多方面合法权利的可能,因此赋予学生或者家长申请复核权,以及对复核决定不服的行政复议权与行政诉讼权,可确保严重教育惩戒的实施始终在法治轨道上运行,确保学生的合法权益得到尊重与维护。

### 二、提起行政复议或者行政诉讼的主体适格问题

第一,关于行政复议申请人与行政诉讼原告的确定。

如学生或者家长对复核决定不服,则提起行政复议时以该学生为申请人,其家长作为法定代理人参与行政复议。提起行政诉讼时以该学生为原告,其家长作为法定代理人参与诉讼。如学生已满十八岁,则以该学生作为申请人或者原告。

第二,关于行政复议被申请人与行政诉讼被告的确定。

学生或者家长提起行政复议时,以做出复核决定的学校教育主管部门为被申请人。

学生或者家长未经行政复议程序而直接向人民法院提起诉讼的,做出复核决定的学校教育主管部门是被告。

经行政复议的案件,复议机关决定维持原复核决定的,做出原复核决定的行政机关和复议机关是共同被告;复议机关改变原复核决定的,复议机关是被告。

复议机关在法定期限内未做出复议决定,学生或者家长起诉原复核决定的,做出原复核决定的学校教育主管部门是被告;起诉复议机关不作为的,复议机关是被告。

### 三、申请行政复议的期限以及复议机关的确定

学生或者家长对学校教育主管部门的复核决定不服,根据我国《行政复议法》第九条的规定,可以自知道该复核决定之日起六十日内提出复议申请。因不可抗力或者其他正当理由耽误法定申请期限的,申请期限自障碍消除之日起继续计算。

至于复议机关如何确定的问题,根据我国《行政复议法》第十二条的规定,申请人既可以向学校教育主管部门的本级人民政府申请行政复议,也可以向其上一级主管部门申请行政复议。比如,做出复核决定的是 A 市 B 区教育局,则申请人既可以向 B 区人民政府申请行政复议,也可以向 A 市教育局申请行政复议。

### 四、提起行政诉讼的期限

根据我国《行政诉讼法》及其相关司法解释的规定,学生或者家长因不服学校教育主管部门的复核决定,而直接向人民法院提起诉讼的,应当在知道做出具体行政行为之日起三个月内提出。申请人不服复议决定的,可以在收到复议决定书之日起十五日内向人民法院提起诉讼,复议机关逾期不做决定的,申请人可以在复议期满之日起十五日内向人民法院起诉。

笔者在此特别强调的是,由于行政复议与行政诉讼程序均由法律明确规定,因此学校及学校教育主管部门均无权对其另行做出规定。笔者在本节阐述的内容主要为学生或者家长在提起行政复议或者行政诉讼时应当注意的某些重点事项,其他的内容均可见法律与司法解释的规定,在此不再予以赘述。

# 第七章　教育惩戒的规章制度

《规则》第五条规定：

学校应当结合本校学生特点，依法制定、完善校规校纪，明确学生行为规范，健全实施教育惩戒的具体情形和规则。

学校制定校规校纪，应当广泛征求教职工、学生和学生父母或者其他监护人（以下称家长）的意见；有条件的，可以组织有学生、家长及有关方面代表参加的听证。校规校纪应当提交家长委员会、教职工代表大会讨论，经校长办公会议审议通过后施行，并报主管教育部门备案。

教师可以组织学生、家长以民主讨论形式共同制定班规或者班级公约，报学校备案后施行。

《规则》第六条规定：

学校应当利用入学教育、班会以及其他适当方式，向学生和家长宣传讲解校规校纪。未经公布的校规校纪不得施行。

学校可以根据情况建立校规校纪执行委员会等组织机构，吸收教师、学生及家长、社会有关方面代表参加，负责确定可适用的教育惩戒措施，监督教育惩戒的实施，开展相关宣传教育等。

根据《规则》上述规定，学校应当依法制定和完善校规校纪，明确学生行为规范，健全实施教育惩戒的具体情形和规则。简而言之，教育部授权学校可以在校规校纪中对教育惩戒实施做出更加具体更加适合校情的规定。对于一个学校而言，校规校纪是学校依法治理的重要手段。在学校治理中，要实现类似于国家治理中的"良法善治"，就必须首先制定好校规校纪，为科学实施教育惩戒奠定坚实的制度基础[①]。

---

① 肖登辉.完善校规校纪 科学实施教育惩戒.载于中国教育报[J/OL]. https://baijiahao.baidu.com/s?id=1689546599602729774&wfr=spider&for= pc2021-1-22 20211-22/2021-7-29.

# 第一节　校规校纪的重要价值

　　校规校纪作为学校最基本的规章制度,包括学校章程和各项管理制度,是学校实施教育管理的重要依据。在教育惩戒制度实施后,学校应当及时修订与完善校规校纪,将教育惩戒的内容有机融入校规校纪当中去。对于尚未制定校规校纪的中小学校,要借《规则》的实施良机,一并制定包含教育惩戒内容的校规校纪。

　　校规校纪作为学校实施教育管理与教育惩戒的重要依据,在《规则》中多处得以被强调。《规则》第5条规定:学校应当结合本校学生特点,依法制定、完善校规校纪,明确学生行为规范,健全实施教育惩戒的具体情形和规则。第7条规定:学生有"其他违反校规校纪行为"的,学校及其教师可以给予教育惩戒。第8条规定:教师可以采取"学校校规校纪或者班规、班级公约规定的其他适当措施"对学生进行一般教育惩戒。第9条规定:学校可采取"学校校规校纪规定的其他适当措施"对学生进行较重教育惩戒。

　　笔者认为,校规校纪关乎师生合法权益,关乎学校长远发展,学校在就教育惩戒问题制定与完善校规校纪时,对如下几个问题要进行着重考量[①]。

　　一是措施的限定性。考虑到实践中各地、各校、不同教育阶段实际存在较大差异,《规则》规定学校可以结合本校学生特点,通过制定校规校纪规定相应教育惩戒措施,因此要具体情况具体分析,结合本校实际,避免千校一面。在笔者为学校提供法律服务的过程中,许多学校校长都希望我们律师团队能像"劳动合同"那样提供一个"校规校纪"的模板,我告诉他们校规校纪是没有统一模板的,必须由每个学校搭建有力班子,深入调研,精心起草,方能制定出有本校特色的高质量校规校纪。

---

　　① 中华人民共和国教育部政策法规司.让教育惩戒有尺度、有温度——教育部政策法规司负责人就《中小学教育惩戒规则(试行)》答记者问.载于中华人民共和国中央人民政府网[ER/OL].http://www.gov.cn/zhengce/2020-12/29/content_5574652.htm 2020-12-29/2021-7-29.

　　此外,校规校纪中规定的相关教育惩戒措施限定在实施一般教育惩戒和较重教育惩戒,其严厉程度应当与《规则》第八条、第九条规定的措施大体相当。至于严重教育惩戒措施,《规则》第十条已有明确规定,学校不得自行增删或者超越,比如擅自规定超过一周的停课停学等。

　　二是规范的可操作性。《规则》要求,学校校规校纪中应明确学生行为规范,健全实施教育惩戒的具体情形和规则。校规校纪应清晰明确、科学合理、易于操作,防止出现各种"奇葩校规"。

　　三是制定的民主性。《规则》强调,学校制定校规校纪应当充分发扬民主,广泛征求教职工、学生和学生家长意见,有条件的可以组织听证。学校不应闭门造车,应广泛征求方方面面的意见,对于合理意见应当充分听取。美国著名法学家伯尔曼曾说过:"法律程序中的公众参与,乃是重新赋予法律以活力的重要途径。除非人们觉得那是他们的法律,否则他们不会尊重法律。"[1]可见,"法律"这种产品,当它越具有民主性,越能代表更多人意见时,它的权威性就越凸显。对于有条件的学校,还可以就此举行"立法"听证会。

　　需要特别指出的是,尤其要充分保证学生参与学校校规校纪的制定。学校在制定校纪校规时,应充分发扬民主,鼓励学生特别是高年级学生积极参与,并及时公开其具体进程以及结果,这样既可以增强校纪校规的公信力,也可以促进学生们自觉遵守"他们自己的法律",以最大限度规避教育惩戒的适用[2]。

　　四是程序的合规性。校规校纪并非起草之后由学校盖个公章就可生效施行,而是应当经历自下而上的正当合规程序。首先,提交家长委员会、教职工代表大会讨论,经校长办公会议审议通过;其次,应当报主管教育部门备案。

　　五是内容的公开性。徒法不足以自行。法律的生命在于实施,校规校纪的生命也在于实施。对于生效后的校规校纪,学校应当及时公布,并利用入学教育、班会等多种方式向学生和家长宣传讲解校规校纪。有条件的学校,可以依据《规则》的规定并根据学校实际情况进一步建立

---

① ［美］哈罗德 J. 伯尔曼（Harold J. Berman）著 . 法律与宗教 [M]. 北京: 中国政法大学出版社,2003.
② 张婷 . 教师教育惩戒的伦理价值检视及其理性实现 [J]. 当代教育科学,2016（14）: 56-60.

专门的校规校纪执行委员会,负责确定可适用的教育惩戒措施,监督教育惩戒的实施,开展相关宣传教育等[①]。

# 第二节 校规校纪制定的基本程序

笔者在本章第一节中已经简要阐述了校规校纪制定与生效的基本程序,本节将对每项程序予以详细探讨如下:

## 一、征求意见程序

《规则》第五条规定:"学校制定校规校纪,应当广泛征求教职工、学生和学生父母或者其他监护人(以下称家长)的意见。"可见征求意见是必经程序,根据上述规定并结合实际,征求意见可采取如下方式进行。

第一,发放调查问卷表。学校可将需要征求意见的问题统一制成规范的调查问卷表,向学校教职工尤其是一线教师和班主任、在校学生尤其是小学高年级以上学生、学生家长尤其是具有一定影响力的家长代表等广为发放,真正做到问计于民。

第二,召开座谈会。学校可召开教职工座谈会、学生座谈会以及家长座谈会,通过面对面的沟通方式听取意见。在召开座谈会时,学校主管领导务必参加,要让参会人员感受到学校的重视与真诚,鼓励参会人员知无不言、言无不尽,要避免走过场作秀式的座谈会。

第三,召开专家论证会。校规校纪的制定是学校的重大决策,可召开教育、法律等相关领域的专家论证会,就校规校纪(讨论稿或征求意见稿)合法性问题以及风险评估等问计于专家。

第四,个别交流意见。在征求意见过程中,很可能出现难以达成共识的意见,学校可采取个别交流意见的方式,多次进行深入协商与沟通,在沟通中努力凝聚合力达成共识。

---

① 肖登辉.完善校规校纪 科学实施教育惩戒.载于中国教育报[J/OL]. https://baijiahao.baidu.com/s?id=1689546599602729774&wfr=spider&for= pc2021-1-22 20211-22/2021-7-29.

## 二、听证程序

《规则》第五条规定:"有条件的学校,可以组织有学生、家长及有关方面代表参加的听证。"可见组织听证并非强制性程序,但笔者认为其价值重大,故有必要加以认真研讨。

第一,组织听证的前提是学校要具备相应条件。

笔者认为,这种条件可从学校规模及影响力的大小以及是否聘请法律顾问等方面进行综合判断,并无一成不变的判断标准。

第二,组织听证的重要价值体现在多个方面。

对校规校纪的起草者即学校而言,组织听证可为学校提供发现事实、获取信息的机会,保障其有效行使知情权和调查权。没有调查就没有发言权,要想制定出质量较高的校规校纪,学校必须对相关事实进行调查,掌握第一手资料。在校规校纪的制定过程中,组织听证无疑是学校发现事实、获取信息的良机。在听证会上,学校可听到来自学生、家长、专家学者及有识公民等社会各方面对校规校纪(讨论稿或征求意见稿)的不同意见,听到代表不同利益群体的不同声音,能使学校对校规校纪所要确立的教育惩戒措施等认识得更清楚。此外,听证可能弥补学校专业知识的不足。关于教育惩戒方面的校规校纪,需要方方面面的专业知识予以支撑。在许多中小学校,存在校纪校规起草者专业知识不足而又必须对相关专业领域的内容做出判断之间的突出矛盾。解决这一矛盾的途径有很多,比如笔者在上面提到的发放调查问卷表、召开座谈会与专家论证会、个别交流意见等。但这些方式都存在必然的缺陷,即缺少公开性和学术观点之间的辩论等,学校往往容易被某种强势观点引导和左右。而举办听证则能有效弥补该缺陷。在这种听证会上,学校将邀请相关代表与专家参加,大家会通过陈述事实、说明理由来证明自己的观点,通过相互辩论为学校提供科学的决策依据,从而在一定程度上弥补校规校纪起草班子组成人员专业知识的不足。

对校规校纪制定的过程而言,听证能检验和促进校规校纪(讨论稿或征求意见稿)的起草质量。学校作为校规校纪的起草者,从某种意义上讲存在难以克服的独立利益,因而极易利用起草者身份扩大教育惩戒权,而不写或少写教师或学校的责任,导致教育惩戒的设置不科学、不合理。组织听证将有效克服该弊端。在听证会上,各方面的代表提出各自意见,互相进行辩论,对不合理内容进行批驳,对没有规定的内容进行补充,这客观上检验了学校在起草校规校纪时是否符合教育目的并践行教育宗旨。此外,听证能使学校的决策更具合法性与正当性。学校在正式出台校规校纪时会认真考虑和分析听证意见,而不仅仅将其作为一种民主的装饰,防止校规校纪制定过程中的随意和专权①。

就校规校纪制定的结果而言,听证将使校规校纪更臻完善。听证会最主要的功能在于,为科学制定校规校纪的决策提供尽可能全面和准确的信息,从而避免因信息不完全或信息不对称而导致决策的偏颇,使正式出台时的校规校纪更臻于完善。此外,听证有利于校规校纪的实施。听证会使得学生、家长等公众和相关利益群体能够直接参与校规校纪的制定活动,其意见可能通过起草者的选择得以吸收,这增加了他们对"立法结果"的认同感②。即使对那些意见没有被采纳的学生及家长来说,也会因为他们的意见已被倾听,从而更全面地了解校规校纪起草的各项考量以及学校的权衡过程,而使他们愿意理解、支持与配合校规校纪的实施。

第三,在听证程序的设置上,《规则》仅简单强调"有学生、家长及有关方面代表参加",为此,笔者建议参照通常的立法听证程序以及行政决策听证程序构建学校在制定校规校纪时的听证程序。如下为笔者设置的听证程序,供学校参考:

第一条　学校举行校规校纪制定听证会,应当在听证会举行前15日公告以下事项:(一)举行听证会的时间、地点;(二)听证的事项;(三)学生(限定于小学高年级学生及以上级别学生)、家长以及有关方面的专家代表参加听证会的报名时间与报名方式。

第二条　听证会参加人应当通过自愿报名的方式产生,并具有广泛的代表性。报名参加听证会的公众人数较多,需要选择听证会代表的,学校应当随机选择公众代表参加听证会。报名参加听证会的人数不多的,学校应当让所有报名者参加听证会,学校也可以邀请有关公众代表与专家参加听证会。听证举行前10日,应当告知听证代表校规校纪(讨

---

① 立法听证会.载于百度百科[DB/OL].https://baike.baidu.com/item/%E7%AB%8B%E6%B3%95%E5%90%AC%E8%AF%81%E4%BC%9A/12650688?fr=aladdin　2021-7-29.

② 同上.

论稿或征求意见稿)的内容、制定理由、依据和背景资料等[①]。

第三条 听证会按照下列步骤进行:

(一)主持人宣布听证会开始;

(二)记录员查明听证会参加人是否到会,并宣布听证会的内容和纪律;

(三)校规校纪起草人陈述;

(四)听证会参加人依次陈述;

(五)听证会参加人之间、听证会参加人与校规校纪起草人之间围绕听证事项进行辩论。

第四条 听证会参加人陈述意见应当遵守合理的时间要求,听证会参加人在规定的时间内未能详尽发表的意见,可以以书面形式提交给学校。[②]

第五条 听证会应当制作笔录,如实记录发言人的观点和理由,也可以同时进行录音录像。听证会笔录应当经听证会参加人确认无误后签字或者盖章。学校应当充分考虑、采纳听证参加人的合理意见;不予采纳的,应当说明理由。意见采纳情况应当向社会公布[③]。

### 三、讨论、审议与备案程序

《规则》第五条规定:

校规校纪应当提交家长委员会、教职工代表大会讨论,经校长办公会议审议通过后施行,并报主管教育部门备案。教师可以组织学生、家长以民主讨论形式共同制定班规或者班级公约,报学校备案后施行。

第一是讨论程序。在经过了征求意见或者听证程序之后,学校校规校纪起草班子应当在讨论稿或征求意见稿的基础上形成校规校纪草案,校规校纪草案还可以历经多次修改与完善,在起草班子认为已经基本成熟的情况下要及时提交家长委员会以及教职工代表大会讨论。在此,《规则》确立了"双讨论"机制,缺一不可。需要特别指出的是,在家长委员

---

① 湖南省人民政府.湖南省行政程序规定(2008年4月17日湖南省人民政府令第222号公布 2018年7月10日湖南省人民政府令第289号修改).载于湖南省人民政府官网[DB/OL].http://www.hunan.gov.cn/szf/hnzb_18/xxgz/202012/t20201231_14098528.html 2020-12-31/2021-7-29.

② 同上.

③ 同上.

会与教职工代表大会讨论过程中,校规校纪草案仍要吸取家长委员会与教职工代表的合理意见,"双讨论"机制不应虚设。

第二是审议程序。经家长委员会与教职工代表大会讨论后又进行完善后的校规校纪草案,就可提交校长办公会议审议了。该审议程序以程序审议为主,如无特殊情况不宜再对草案进行大的修改。校长办公会议的审议是必经程序,未经审议不得通过。

第三是备案程序。审议通过后正式施行的校规校纪,应报主管教育部门备案,这是学校与主管教育部门的共同职责。

### 四、宣讲与公布程序

《规则》第六条规定:

学校应当利用入学教育、班会以及其他适当方式,向学生和家长宣传讲解校规校纪。未经公布的校规校纪不得施行。学校应当利用入学教育、班会以及其他适当方式,向学生和家长宣传讲解校规校纪。未经公布的校规校纪不得施行。

第一,校规校纪的宣传讲解务必到位。学校应当利用入学教育、班会、家长会以及其他适当方式,向学生与家长宣传讲解校规校纪,这种宣传讲解可结合《规则》的培训齐头推进。

第二,校规校纪的公布方式务必多元。笔者认为,《规则》尽管强调"未经公布的校规校纪不得施行",但并未阐明公布的具体方式,因此可以理解向学生与家长宣传讲解就是将校规校纪公之于众的主要方式。但是,学校还可以通过学校公众号、学校网站等将校规校纪向社会公布,一方面自觉接受社会监督,同时也可有效推进其他中小学校校规校纪的制定进程。

## 第三节　班级规约的制定

《规则》第五条第三款规定:

教师可以组织学生、家长以民主讨论形式共同制定班规或者班级公约,报学校备案后施行。"《规则》第八条规定:"教师在课堂教学、日常管理过程中,对违规违纪较为轻微的学生,可以当场实施除(一)点名批评;(二)责令赔礼道歉、做口头或者书面检讨;(三)适当增加额外的教学或者班级公益服务任务;(四)一节课堂教学时间内的教室内站立;(五)课后教导之外的由学校校规校纪或者班规、班级公约规定的其他适当措施。

以上规定为班规或者班级公约(以下一般通称"班级规约")的制定提供了制度依据,教师在制定班级规约时不得与上述规定相违背。笔者认为,在制定班级规约时,应当明确以下几个方面的问题。

### 一、班级规约的重要价值

也许有人会认为,有了《规则》以及校纪校规,班级规约似乎就没有存在价值了。笔者认为,班级作为最基本的教育组织单位,是学校教育各环节中最活跃最生动的一环,更是教育惩戒落地生根并发挥作用的主要场所。尽管有了国家制度层面以及学校层面的教育惩戒规定,但对于广大教师而言,实施教育惩戒仍将不是一件轻松的事情,因为教育惩戒的裁量权最终还是将回到学校与每位教师手中。制定班级规约,可以最大限度将教师、学生以及家长在管理规制的框架下实现"协同作战":一方面,关于《规则》以及校规校纪的规定,既可以成为教师拥有教育惩戒的法理依据,而且也应当细化为班级组织层面的惩戒规约;另一方面,教师可以依据自己对国家制度与校规校纪的理解,并结合本班的实际情况,制定具有班级特色且切实可行的班级规约[1]。

总之,如中小学班集体都能积极推进关于教育惩戒班级规约的制定,必将成为中国中小学教育史上浓墨重彩的一笔,对于提升班主任等广大教师的教育管理水平以及学生与家长的民主法治意识,对于防止学生较为轻微的违规违纪向较重或严重的违规违纪转化,都具有不可替代的重要价值。

### 二、班级规约的基本内容

根据《规则》的规定,班级规约的内容主要为对于违规违纪较为轻微的学生,规定除《规则》以及校规校纪已经明确规定的适当惩戒措施。

---

[1] 周勇.管理规制是破解教育惩戒权困局的有效抓手[J].中国教育学刊,2020(01):39-45.

在这里所谓的"适当"措施,既要与"违规违纪较为轻微"的情节相适应,也要与"点名批评""责令赔礼道歉、做口头或者书面检讨"等惩戒措施的性质与程度相当。也就是说,对于"情节较重"或"情节严重或者影响恶劣"的违规违纪行为,班级规约无权也不宜就教育惩戒措施做出相应规定。

笔者认为,班级规约的内容重在管用,而非大而全,因此不建议制定冗长烦琐的班级规约。从实践中来看,如果制定的规矩过多,则学生犯错的概率会大大增加,久而久之,会产生对制度的排斥与冷漠。有的教师出于加强"以法治班"的需要,常常按自己的主观意图,采用成人的思维方式和行为来要求与管理学生,把班级规约制定得可谓面面俱到且滴水不漏,其实施效果可能会适得其反。总之,规矩过多过严,容易导致"禁人之所必犯","不服从教育与管理"的学生也就会越来越多,必将产生不良后果,与教育惩戒设定的初衷也就背道而驰[①]。

### 三、制定班级规约的主体与程序

班级规约是教师、学生和家长共同遵守的约定,因此其制定主体是教师、学生与家长。让教师、学生与家长共同参与教育惩戒的行使,是教育惩戒体现其教育属性的内在要求。只有让教师、学生和家长三方三位一体共同制定班级规约,才有利于学生的接受与遵守,消除家长对于惩戒行为的敌意与恐惧[②]。

在具体操作层面,建议班级规约制定的组织者为班主任,如果一般的任课教师都可以自行召集学生与家长起草班级规约,则必然"天下大乱"。当然,班主任在负责召集组织学生与家长制定班级规约时,应充分发挥民主,不仅要充分听取学生与家长的意见,也要充分听取班级其他任课教师的意见,将民主"立法"落到实处。为真正体现民主与集思广益,可将班级规约草案的起草权授予学生或者家长,也许他们更有发言权,这对于提升班级规约质量以及解决班级规约的可接受性问题都大有裨益。

---

① 神龙跨三江.当今学生为何不服从教育与管理.载于新浪博客[DB/OL].http://blog.sina.com.cn/s/blog_97e1e28d0102ux9f.html 2014-7-19/2021-7-29.

② 周勇.管理规制是破解教育惩戒权困局的有效抓手[J].中国教育学刊,2020(01):39-45.

此外,为确保班级规约的"合法性"与"合理性",建议班主任征询学校法律顾问等相关人士的意见,避免出现违反法律强制性规定或者与《规则》以及校规校纪相冲突的"违法规约",避免出现违反社会主义核心价值观与社会公序良俗的"无德规约",当然也要避免出现不可能实施或者让人笑掉大牙的"奇葩规约"。在法治社会与自媒体时代,一旦某家长将上述三类班级规约上传到网上,将会导致无法预料的不良后果。因此,在将班级规约向学校备案之前把功课做足,这并非《规则》的明确规定,但实际上又无疑是头等重要的事情。

**四、制定班级规约的有益探索**

关于班级规约的制定,其实早有教师在进行有益的探索,但可供研究与借鉴的成熟案例并不多,目前被研究者经常提及的主要有如下三大案例。[①]

(一)魏书生的"以法治班"

著名教育改革家魏书生从 1979 年开始进行了"以法治班"的探索,经过十多年的实践,形成了独特的班级教育惩戒模式。他在《班主任工作漫谈》中介绍了他的经验:在班主任指导下由全体学生制定的班规班法,实际上就是全体师生必须共同遵守的班级惩戒规约。

在魏书生的"班规班法"里,有许多"趣味惩戒"方式,比如学生犯错误后"写说明书、做好事、唱歌、写心理病例"等,充满童真也十分风趣幽默。某学生认为,"过去写检讨书,越写越恨老师;现在写说明书,越写越恨自己",可见魏书生将"检讨书"改为"说明书",体现了教师对学生人格的尊重,也切实收到了应有的效果。

(二)郑州二七实验小学的"温馨班规"

2008 年,郑州二七实验小学五年级的三个班开始了"温馨班规"的试点,效果良好。"温馨班规"的起草与制定,将魏书生模式下的二维起草主体即班主任与全体学生,扩展为教师、学生与家长的三维起草主

---

① 周勇. 管理规制是破解教育惩戒权困局的有效抓手 [J]. 中国教育学刊, 2020 (01): 39-45.

体,与《规则》精神已经高度契合。

"温馨班规"的形成过程实质上是三大共识的形成过程:第一是教师共识的达成,通过班级全体教师的充分讨论与协商,达成学生需要教育惩戒,且惩戒应当"温馨"的共识;第二是家长共识的达成,通过班会或问卷调查等方式问计于家长,就惩戒问题充分交流意见,在求同存异基础上达成共识;第三是学生的共识的达成,通过辅导与交心等方式让学生理解教育惩戒的积极价值,最大限度减少学生对惩戒的反感与抵触。在上述三大共识达成之后,在班主任的指导与家长的参与下,让全体学生自主制定并遵守"温馨班规"。

"温馨班规"中的惩戒措施很明显借鉴了魏书生的"趣味惩戒"。比如说,"温馨班规"规定如学生两次迟到,不仅要说明原因,还要表演一个节目,如学生违规带手机、零食等到学校,要利用课间休息时间为班级做一件好事等。当然,"温馨班规"中还有许多独具匠心的惩戒措施,比如"说脏话、骂人者坐在座位上思过10分钟"等。

（三）山东郑立平老师的"弹性惩戒"

2005年,山东寿光世纪教育集团特级教师郑立平自发开始了"弹性惩戒"的实践。"弹性惩戒"最大的特征就是在惩戒措施上的多样化,每一项违纪行为都有相对应的5—6项惩戒措施供学生自主选择,不仅因其趣味性而易于被学生接受,而且因其可选择性而实现了对学生的尊重,利于学生的自主发展[1]。

2009年9月,郑立平老师对"弹性惩戒制度"的实施效果进行了概括,他这样写道:

弹性惩戒制度,已经初步成为我们进行班级管理的一个重要特色,取得了非常明显的效益。

其一,健全了学生制度,大大优化了学生管理。从人治走向"法治"是现代学生管理的必然趋势。弹性惩戒制度自产生,就成为学生制度不可缺少的一部分。它作为学生日常行为规范的有益补充和维护,使学生制度建设更趋于合理和完善;同时,它以其广泛而深刻的人文性、民主性被学生充分认可,使学生管理更趋于规范和科学。

---

[1] 周勇.管理规制是破解教育惩戒权困局的有效抓手[J].中国教育学刊,2020（01）：39-45.

其二，改善了师生关系，促进了学生自主管理。"弹性惩戒制度"，充分体现了尊重学生个性和以人为本的思想，把每一个学生都置于了"学生"和"班规"的民主监督和约束之下，避免了由班主任个人强行"独断"的尴尬被动局面，有效地促进了师生和谐关系的形成。同时，学生的积极支持和参与，不仅提高了自我管理的意识和能力，还大大减轻了班主任的管理负担，使之从繁重的班级事务性工作的处理中解脱出来，有更多的精力投入到关乎学生长远发展的协调性和策略性工作，促进了其专业化素质的提高。

其三，增强了学生活力，提高了管理质量。有人说，新课改最核心的理念只有三个字：关注人。我们学生的每一项工作都从尊重和理解孩子的角度出发，因而得到了学生的充分认可和拥护，真正给学生带来了无限的生机和活力。弹性惩戒制度的制定和实施，有效调动了全体学生参与学生管理的热情，规范和约束了学生的不良行为习惯，使班集体持续稳定健康发展，各项工作扎实有序、成绩突出。后来其被迅速推广，更显示了它深刻的现实意义和教育价值。[1]

笔者认为，郑立平老师的概括深刻地总结了班级规约的重要性，尤其是"弹性惩戒制度"在"调动了全体学生参与学生管理的热情，规范和约束了学生的不良行为习惯"中的独特价值，这与《规则》所确立的教育惩戒目标是完全吻合的。在该文中，郑立平老师创设的"弹性惩戒通知单"具有很高的借鉴价值，可供有关班级在制定班级规约时参考：

弹性惩戒通知单

（　年　月　日）

XX 同学：今晚自习上课时，你和 XX 大声吵闹，不仅耽误了自己学习，而且严重影响了课堂秩序。你的行为已经违反了我们的班规第四条，为了使你进一步认识自己的错误，养成良好的学习习惯，请你在征得家长同意的前提下，从以下几条惩戒方式中选择一条，并在学生纪律委员会的监督下，认真接受惩戒：

（1）说明情况，向大家公开道歉，争取同学们的谅解。

（2）写一份呼吁认真读书学习倡议书，张贴宣传。

（3）完成一份违纪心理剖析，并在学生中宣读。

---

[1]　郑立平.教育惩戒的思考与探索[J].教书育人，2010（23）：60-63.

（4）为同学们唱首歌,活跃一下气氛。

（5）到操场自我锻炼 5 圈,强化认识。

（6）自主申请的其他惩戒方式:

惩戒执行情况:

监督人: 　　值日班长: 　　班主任签字:

# 第八章　教育惩戒的家校协作

笔者认为,重视家校协作形成惩戒合力,是教育惩戒达到其应有效果的重要环节。那些关起门来搞教育惩戒而排斥家长知情与参与的理念与行为,是错误与有害的。每一个未成年学生都具有多重属性,既是学校的学生、家长的孩子,也是祖国和民族的后代。广大家长对自己的孩子都寄予了无限的期盼,因此他们有协助学校教育好孩子的动力与诉求,理应成为教师与学校在实施教育惩戒上的好帮手与生力军。为此,《规则》第十六条第一款规定:"学校、教师应当重视家校协作,积极与家长沟通,使家长理解、支持和配合实施教育惩戒,形成合力。家长应当履行对子女的教育职责,尊重教师的教育权利,配合教师、学校对违规违纪学生进行管教。"

根据《规则》的上述规定,家校协作的根本目的在于形成家校育人合力,最大限度发挥教育惩戒在培养学生责任意识与规则意识方面的重要作用。此外,家校协作的基本方式是有效沟通,比如说如对轻微问题行为的惩戒,需要事后以适当方式告知学生家长,对于较为严重或者严重的问题行为的惩戒需要事前与家长沟通[①]。在家校协作的领域方面,校规校纪的制定、救济权利的保障以及家庭惩戒的有效行使等方面都需要家长的积极参与。

## 第一节　家校协作的目的

家校协作的目的在于形成教育合力。习近平总书记指出:"基础

---

① 姚晓丹,唐芊尔.重拾"戒尺"是为了更好地育人.载于光明日报[J/OL].
https://baijiahao.baidu.com/s?id=16874503291584464632&wfr=spider&for=pc
.2020-12-30/2021-7-30.

教育是全社会的事业,需要学校、家庭、社会密切配合。"①笔者注意到,在《规则》实施后,某些学校对教育惩戒的家校协作问题持怀疑态度,害怕家长成为教师与学校实施教育惩戒的阻扰者或者反对者。在这种理念的作用下,学校与家长必然成为两股互相猜忌与封闭的力量,在教育惩戒问题上就无法形成家校育人合力,必须对此予以检视并纠正。

当然,也有勇于吃螃蟹者,在《规则》通过后尚未实施之际就迈出了可喜的家校协作第一步,据合肥市教育局网站消息:

2021年1月10日下午,合肥十中举行关于贯彻落实《中小学教育惩戒规则(试行)》家长座谈会,有关校领导出席会议并向家长详细解读了《规则》出台的目的与主要内容。该校表示,将以贯彻习近平新时代中国特色社会主义思想为根本遵循,坚持将"立德树人"作为根本任务,重视家校协作,积极与家长沟通,争取家长理解、支持和配合实施教育惩戒,尊重教师的教育权利,配合学校对违规违纪学生进行管教。学校将结合学校实际,认真分析研究,在充分征求各方意见建议的基础上,将进一步规范合肥十中教育教学管理相关制度、推进依法治校,在工作中,不断探索家庭教育新方法,不断提炼家校合育新成果,不断丰富家庭教育新内涵,通过家校共育,共同助航学生未来②。

笔者认为,合肥十中这种让家长知晓《规则》内容并配合学校实施教育惩戒的做法,既满足了家长的知情权、参与权,也体现了学校对家长的尊重与信任,提升了家长实施家庭教育的能力,更为重要的是能有效激发家长配合学校实施教育惩戒的热情。

总之,使教育惩戒发挥其最大的效力,不能仅靠学校一方的努力,需要家庭和学校携手共进。通过多种形式的家校协作与家校沟通,可让家长正确理解与看待教育惩戒,而不至于"谈惩戒而色变",因为家长和学校的初心与使命是一致的,最终目的是让孩子更好地成长,所以家长在对待教育惩戒的时候应客观、理性与包容,给予学校和老师充分的理解

---

① 冯刚、陈步云.加强青少年思想政治教育——深入学习习近平总书记教育思想(八).载于中华人民共和国教育部官网[DB/OL].http://www.moe.gov.cn/jyb_xwfb/moe_2082/zl_2017n/2017_zl37/201709/t20170925_315210.html 2017-9-23/2021-7-30.

② 合肥十中.合肥十中:贯彻教育惩戒规则 凝聚家校育人合力.载于合肥市教育局[DB/OL].http://jyj.hefei.gov.cn/jydt/xxjx/18006899.html 2021-1-13/2021-7-30.

和配合,在家做好孩子的思想工作,当然也可积极行使对学校的监督权利。一句话,只有形成家校育人合力,方能用好教育惩戒这把"戒尺"①。

# 第二节　家校协作的重要渠道

《规则》第五条第二款、第三款规定:

学校制定校规校纪,应当广泛征求教职工、学生和学生父母或者其他监护人(以下称家长)的意见;有条件的,可以组织有学生、家长及有关方面代表参加的听证。校规校纪应当提交家长委员会、教职工代表大会讨论,经校长办公会议审议通过后施行,并报主管教育部门备案。教师可以组织学生、家长以民主讨论形式共同制定班规或者班级公约,报学校备案后施行。

笔者认为,让家长参与校规校纪的制定,是《规则》的明确要求,是实现家校协作的重要渠道。

笔者在第七章中已经就校规校纪以及班规(班级公约)在教育惩戒方面的极端重要性做了详尽的阐述,指出校规校纪(班级公约)是学校实施"良法善治"的制度基础,是体现学校治校艺术、情怀与智慧的重要载体。要想提升校规校纪以及班规(班级公约)的质量,就必须坚持科学与民主两大"立法"原则,努力拓宽家校协作渠道,发挥家长在制定、完善校规校纪以及班规(班级公约)方面的积极作用。某些学校已经先行一步,据《半岛都市报》报道:

2021年4月13日下午,青岛五十九中的40位家长代表齐聚学校,共同就"教育惩戒"话题与学校展开了思考、讨论。记者了解到,学校已经初步拟定了《青岛第五十九中学学生教育惩戒规则》的讨论稿,具体细则主要依据教育部颁发的《中小学教育惩戒规则》,并结合学校学情、校情进行制定,从学生、学校、教师、家长等四个维度出发,规范教育惩戒。学校开展本次活动,不仅帮助家长了解学习《规则》内容,理解、支持和配合实施教育惩戒,同时,通过家长配合教师、学校对违规违纪学

---

① 何孟立. 家校合力,善用教育惩戒这把"戒尺". 载于华声在线[DB/OL].
https://baijiahao.baidu.com/s?id=1688058979305946515&wfr=spider&for=pc
2021-1-5/2021-7-30.

生进行管教,形成家校合力,共同为学生的身心健康发展提供更良好的家校环境氛围[①]。

笔者认为,青岛五十九中奉行家校协作理念,让家长代表参与到有关教育惩戒校规校纪的讨论中来,可以很好发挥家长如下两个方面的积极作用:

第一,听取家长的建设性意见。

高手在民间,家长来自各行各业,学校起草的校规校纪(讨论稿)等,一定要让家长看一看、议一议,这样就可以从家长那里收集到许多具有真知灼见的金点子。此外,让学生以及教职工参与到校规校纪的制定中来,也同样能收到较好的成效,坚持做到以民主立规促科学立规。

第二,消除家长的误解与抵触。

对于教育惩戒,家长的误解与抵触大多是由于信息不对称,也就是说家长对教育惩戒以及校规校纪知之甚少。而消除这种误会与抵触最好的方法,就是让家长参与到有关教育惩戒校规校纪的制定当中来,让家长全面了解教育惩戒制度以及熟知学校制定校规校纪的初衷及内容,坚持做到以公开透明促互信互助。

此外,教师尤其是班主任教师,也可以根据本班的实际情况与需求,组织学生、家长以民主讨论形式共同制定班规或者班级公约,报学校备案后施行,这也同样是实现家校协作的重要方式。

# 第三节　家校协作的互动与博弈

家校协作既有良性和谐的家校互动,也充满了彼此之间带有"斗争"意味的博弈,这是矛盾的两个方面,是我们不可忽视的客观规律。只看到、只接受或只承认良性互动,而对客观存在的博弈与斗争视而不见,都会损害家校协作的实现以及教育惩戒的开展。

## 一、家校协作的良性互动

教师与学校都希望在实施教育惩戒过程中,能得到家长的理解、支

---

① 刘恺琦.共话"教育惩戒",青岛59中家校合力让戒尺更有温度.半岛都市报[J/OL].https://xw.qq.com/cmsid/20210413A0D8JL00　2021-4-13/2021-7-30.

持与配合,最好的结果是家长对教师与学校实施教育惩戒后还能真诚地说声谢谢。为此,教师与学校应当从如下几个方面努力。

第一,发挥家长的重要作用。

首先要发挥家长在建章立制方面的参谋作用。作为学校,在校规校纪等规章制度通过后,要加大宣传力度,让教育惩戒制度、校规校纪等做到家喻户晓,营造教育惩戒家校协作良好氛围。

其次要发挥家长在教育惩戒中的积极作用。也即是说,要注重教育惩戒实施过程中的家庭参与。世界上谁最关注学生?当然是家庭与学校。在正式踏入社会之前,未成年学生与学校与家庭的关系也最为紧密。因此,学校与家庭都有关心学生(孩子)健康成长的共识与"利益"诉求。为了让学生认识错误与纠正错误,为了培养其应有的规则意识与责任意识,在确有必要时学校可以而且应该对学生实施教育惩戒。但由于信息不对称、家长过分溺爱孩子以及对学校实施教育惩戒的目的与措施有异议等因素,有的家长抵触、排斥甚至坚决反对教师与学校对其孩子实施教育惩戒尤其是严重教育惩戒。因此,必须努力消除学校与家长之间的隔阂、畅通沟通渠道,在涉及较严重的惩戒行为时,应邀请家庭参与[①]。

更为重要的原因是,在教育惩戒方面应该达成最基本的家校价值认同,那就是教育惩戒有助于培养学生的规则意识与责任意识。而通过教育惩戒培养学生的规则意识与责任意识,其核心环节在于学生通过接受惩戒而逐步养成这两种意识,意识的养成也是学生正确价值观得以深化的过程。这种深化的过程对于低年级学生而言将依赖于父母的影响,在高年级也同样需要家庭的配合,因此家校应共同营造有良好规则意识与责任意识的家校环境。如果家校产生价值分歧,学校主张必须严厉惩戒,而家庭则主张和风细雨,更容易造成学生自身的困惑与对规则的怀疑。维持一致的价值原则以及采取一致行动,更有利于学生确认规则意识与责任意识的重要性,强化规则遵从以及责任担当行为[②]。

第二,在实施教育惩戒时,确保依法依规公平公正地实施,并按照《规则》的规定事前、事中或事后以适当的方式告知家长。

需要注意的是,对于自家的孩子被惩戒,家长的内心世界容易产生

---

① 雷槟硕.教育惩戒权行使的目标:培育规则意识[J].复旦教育论坛,2019,17(04):34-40.
② 同上.

异样的感觉,因此教师与学校在此种告知时一定要注意保持理性与友善,切不可大声呵斥家长或者侮辱家长。

第三,在实施教育惩戒后做好对学生的沟通与帮扶工作。

教师与学校在对学生实施教育惩戒后,应当按照《规则》的规定认真做好与学生的沟通与帮扶工作,让学生充分认识到自己错在哪里以及改正的方式,让学生充分认识到教师与学校对自己充满了关爱而非歧视与"仇恨"。对于已经改正了的学生,要及时予以肯定或解除惩戒决定。这一切,相信家长都会看在眼里并感恩在心里。

### 二、家校协作的斗争与博弈

有教育惩戒,就必然有家校之间的斗争与博弈,这是不以任何人意志为转移的客观规律。但是,这种斗争与博弈,必须在理性与法治的框架内进行,进行斗争与博弈的根本目的还是推进家校协作,是更好地坚持与实施教育惩戒。以斗争求团结,则团结存,以妥协求团结,则团结亡,因此要反对一切形式的无原则妥协行为。为此,教师与学校应当从如下几个方面努力。

第一,理性依法对待家长的投诉与举报。

家长对教师实施教育惩戒存在异议,或者认为教师的行为触碰了"红线",都可以向学校或者主管教育部门进行投诉与举报。在教育惩戒普遍推广以后,家长投诉与举报的概率会加大。因此,教师及其所在学校应当以理性的心态加以对待,以法治的方式加以解决。

一方面,投诉与举报是家长的权利,在法治社会理应得到尊重与维护。因此,不要将家长的投诉与举报一概视为无理取闹,并因此感到愤懑、痛苦与抵触。对于教师而言,通过家长的投诉与举报,重新审视自己管理学生以及实施教育惩戒行为是否合理合规,是否有违师德师风,并积极配合学校或者主管教育部门的调查处理;对于学校而言,不要文过饰非,不要偏袒教师的错误或不当言行,公平公正处理家长对教师的投诉与举报,如主管教育部门已经介入,则应配合上级部门的调查处理。如此,则家校关系仍有可能得到修复甚至巩固。

另一方面,不排除极个别家长滥用投诉与举报的权利,企图借此恶意侵害教师权利,损害教师声誉。这种情况下,教师应在学校与主管教育部门的支持下,依法还原事实真相,并积极寻求法律的保护。自助者天助,只有对违法侵权的极个别家长依法采取坚决的斗争,才有可能让其知错认错以及承担法律责任。

第二,督促学生申诉委员会依法做出决定。

根据《规则》的规定,学校成立的学生申诉委员会具有独立处理学生及其家长申诉的权利。但是,在学生申诉委员会处理申诉的过程中,教师与学校应当积极行使自己的权利,努力配合学生申诉委员会进行调查取证,并督促其在规定期限内做出公平公正的决定。此外,学校可定期或者不定期地对学生申诉委员会成员进行培训,以提升其依法履职的意识与能力。

第三,不将家校矛盾风险转嫁给学生。

无论是家长的投诉与举报,还是家长的申诉以及提起行政复议或行政诉讼,均是家校之间正常的纠纷和矛盾,教师与学校切不可因此而迁怒于未成年学生。哪怕是学生本人投诉与举报教师,也不可因此对学生予以冷嘲热讽或打击报复。要始终将这种矛盾与纠纷的解决控制在法律框架内,擅自转嫁风险不公正更不可取。

第四,做好平时的家访工作。

积极开展家访,增进家校之间的了解与友谊,既能促进学生全面发展以减少学生犯错误的概率,也能在学生受教育惩戒时最大可能获得家长的理解与支持。熟人之间好办事,朋友多了路好走,一旦教师与家长成为熟人和朋友,则教师与学校因教育惩戒而遭投诉、举报的概率和风险也会大大降低。

第五,注重发挥家委会的核心作用。

其一是发挥家委会的桥梁作用。家委会作为家校沟通的桥梁,当学生犯错与家长沟通无果时,尤其是在家校矛盾趋于激烈时,家委会应当而且可以发挥重要作用。家长看到家委会出面解决问题时,面对同样身份的家长,通常会变得相对冷静与理性,为问题的最终解决提供可能。

其二是发挥家委会的平台作用。学校要以家委会为平台,吸引家长更多了解学校,并能参与到学校的管理与教育惩戒当中来。学校实施教育惩戒的具体方案要与家委会充分研讨,明确切实可行的实施路径。在具体实施过程中,要更好地发挥家委会的组织和协调作用,提升学校的教育感召力。

其三是发挥家委会的促进功能。学校应当有针对性地加强对家长尤其是家委会的培训,大力提升家委会的整体工作水平、沟通能力与法律素养,并以家委会素养的提升促进家长更新教育理念、改进教育方式方法,全面提高家长的育人能力与法律素养。家长的育人能力与法律素养得以全面提升,则家校之间的关系就必然会在法治与理性的轨道上良性运行。

# 第四节　家校协作的家庭管教

我国新修订的《未成年人保护法》单设"家庭保护"专章,明确规定家长有"预防和制止未成年人的不良行为和违法犯罪行为,并进行合理管教"的监护职责。《规则》要求家长要履行对子女的教育职责,尊重教师的教育权利,配合教师、学校教师、学校对违规违纪学生进行管教。

可见,无论是我国《未成年人保护法》还是《规则》,都提到了家长有权对孩子进行"管教"的问题。笔者认为,这种"家庭管教"问题,其本质就是"家庭惩戒"问题,由于宪法确立了尊重与保障人权原则,加上对家庭暴力的极度反感与敏感,因此我国《未成年人保护法》与《规则》难以确立"家庭惩戒"概念。笔者注意到,在我国修订后的《未成年保护法》中都没有确立"教育惩戒"概念,而仍然采用的是"管教"一词。

结合我国《未成年人保护法》与《规则》的上述规定,笔者认为家长们在进行家庭管教或称家庭惩戒时要注意如下几个方面的问题。

## 一、家庭管教要奉行合理原则

一方面是依据要合理。子女存在不良行为甚至有涉嫌违法犯罪趋势时,家长就必须予以预防和制止,必须加强管教。捧在手里怕飞了,含在嘴里怕化了,不管子女犯多大的错,都舍不得骂半句,这种过度溺爱子女的行为对子女的成长是有百害而无一利。还有一种趋向也要避免,那就是对孩子过于苛刻,哪怕是孩子少考了一两分,也不由分说行使所谓"管教权"。过度严苛的管教只会使子女无所适从,难以形成健全人格与阳光心态。

另一方面是手段要合理。旗帜鲜明反对家庭暴力,反对损害孩子身心健康的行为,尊重法律赋予未成年人的基本权利。但是,既然是管教,其本质与教育惩戒有类似之处,那就是这种管教必然会使孩子产生某种不舒服的感觉,为了让其在家长的管教中能知错认错。因此,家庭管教要适度,过轻过重均不可取。

### 二、家庭管教要与教育惩戒保持互动

学生在校违规违纪,学校要及时通报家长;子女在家有不良行为,家长也要及时通报学校。学校对学生采取教育惩戒措施,要取得家长的理解、支持与配合。家长在家里对子女采取了家庭管教措施,也最好在第一时间让班主任老师知情。那种各自为政从不互通消息的做法,必将造成惩戒学生方面的信息不对称,不利于合力纠正学生的错误。比如说,某学生在学校严重违规违纪,被家长获悉,于是在学生放学回家后被"家法伺候",且该生也向家长认错悔错,在次日返校后也向教师认错悔错,则惩戒的目的已经达到,学校可不再对学生予以教育惩戒。这也是某种意义上的"一事不再罚"吧。

### 三、家庭管教要与家风建设同步进行

习近平总书记高度重视家风建设,他指出:"每一位领导干部都要把家风建设摆在重要位置,廉洁修身、廉洁持家,在管好自己的同时,严格要求配偶、子女和身边工作人员。"他还强调:"广大家庭都要弘扬优良家风,以千千万万家庭的好家风支撑起全社会的好风气。各级领导干部要带头抓好家风,做家风建设的表率。①"

笔者认为,习近平总书记的重要讲话对于"千千万万家庭"而言,无疑具有振聋发聩的指导价值。某些学生在校屡次违规违纪,漠视学校制度权威与起码的师道尊严,从某种角度上讲就是缺乏家教或者家风不正的产物,孩子是家长的另一面镜子,可折射出家风建设的有无与好坏。

因此,广大家长在推进家风建设的过程中,可向身边的优秀家庭虚心请教,可向新时代的模范家庭学习经验,可从无数革命前辈的红色家风中汲取力量,也可从传统优秀文化尤其是经典家训文化中汲取有益养

---

① 近平在第十八届中央纪律检查委员会第六次全体会议上的讲话 . 人民日报 [J/OL].http://www.ybjj.gov.cn/zhuanti/jf/ldjh/2016-07-28/1123.html 2016-1-12/2021-7-30.

分。笔者多年前在长沙市委党校主体班开设"品读家训经典,促进家风建设"的专题课,该课重点品读了明末清初大儒朱柏庐的《朱子家训》,该书很好地诠释了家长做人与教子的辩证关系,即"居身务期质朴,教子要有义方",也就是说大人们做人做事要质朴无华,教育孩子要做到道义与方法兼备,其实大人的朴实无华又何尝不是最好的教子方法?!

综上所述,教育惩戒离不开家校协作,家校协作方能形成家校合力。在促进家校协作的过程中,既要发挥好家长对学校建章立制的建设性价值,更要保持学校与家长的良性互动或进行必要的斗争和博弈。此外,广大家长更要重视对子女的教育以及管教,并切实进行卓有成效的家风建设,让子女在良好家风的熏陶下中健康成长。

总之,教育好违规违纪或者有不良行为的学生(孩子),是学校与家庭乃至整个社会共同的使命与责任。实践中经常发生教师与家长互相指责互相推诿的情况,教师责怪家长不称职,家长责怪教师未尽责。其实,孩子成年后不走正道,又何尝不是家庭和学校共同的责任和悲哀?唯有家校携手,形成合力,少点指责,多点包容,才能将教育惩戒与家庭管教的积极价值使用好、发挥好。

# 第九章　教育惩戒的指导监督

教育惩戒制度能否落地生根并健康有效运行,与各级教育行政部门是否能正确高效履行《规则》确立的职责权限同样密不可分。各级教育行政部门必须严格按照《规则》的有关规定,依法履职,切实担负起时代赋予的使命。

2020年12月底,教育部政策法规司负责人就《规则》的出台答记者问,在回答教育行政部门应如何履职时明确指出:

按照《规则》规定,主管教育部门对学校、教师实施教育惩戒要履行指导、支持、评价和监督的职责。一是加强指导。《规则》规定,教育部门要指导学校制定教育惩戒的实施细则以及相关的校规校纪,建立工作机制,统筹推进《规则》的实施。二是加大支持。教育部门要作为学校、教师依法履行教育惩戒职责的坚强后盾,协调处理相关纠纷,当家长威胁、侮辱、伤害教师时,应当依法保护教师人身安全,必要时请公安机关、司法机关协助处理。三是加强监管。要建立学校教育惩戒办法、校规校纪的备案审查机制,及时发现并纠正存在不合法、不合规的规定。要建立受理学生或家长对教育惩戒决定不服提起复核申请的受理机制,履行监督职责。四是考核评价。要把学校、教师在管理学生、实施教育惩戒中贯彻法治原则、依法履行职责的情况,纳入对学校的考核内容当中,督促、引导学校依法治校、依法办学。

## 第一节　加强指导

《规则》第三条第二款首先确立了"教育行政部门应当支持、指导、监督学校及其教师依法依规实施教育惩戒"的基本方针,第五条第二款进一步规定:"校规校纪应当提交家长委员会、教职工代表大会讨论,经校长办公会议审议通过后施行,并报主管教育部门备案。"第二十条第二款规定:"各地可以结合本地实际,制定本地方实施细则或者指导学校制定实施细则。"

根据上述规定,教育行政部门可从如下两个方面加强对学校实施教育惩戒方面的指导功能。

第一,指导学校制定相关的校规校纪。

笔者注意到,《规则》第五条第二款中并未提及教育行政部门应当指导学校制定相关的校规校纪,而只是强调"报主管教育部门备案",也就是说,《规则》并未规定事前的指导职责,而只是规定了事后的监管职责。但是,事前的指导职责在客观上不可或缺,笔者曾以电话与微信的方式对长株潭地区的二十来所中小学校长进行访谈,了解这些学校是否已经按照《规则》的规定对有关教育惩戒问题制定或完善了校规校纪,得到的回答都是在等主管教育部门的通知或指导,也就是说没有一所学校已经开始行动。

笔者认为,尽管各级中小学校都是独立法人,但在法律顾问普遍缺位的情况下,其依法治校的能力不容乐观,让其自身完成制定或完善校规校纪的重任显得不切实际。因此,教育部政策法规司负责人才会要求教育部门要建立工作机制,指导学校制定相关的校规校纪,统筹推进《规则》的实施。

第二,在具体的操作层面,建议由县区一级教育行政部门尽快成立"校规校纪制定指导小组"等类似机构,抽出精干力量专门负责校规校纪的制定指导工作,并以教育局的名义下发通知,要求辖区内的学校在限定期限内完成校规校纪的制定、修订与完善工作,以最严的要求与最精细的指导推进校规校纪的制定进程,为依法治校以及教育惩戒的实施奠定坚实的制度基础。

据石家庄市教育局官方网站消息:"2021年3月5日,石家庄市教育局下发关于贯彻落实《中小学教育惩戒规则(试行)》的通知【石教函(2021)77号】,要求各中小学校要根据《规则》对现有校规校纪章程和各项管理制度进行修订、完善,依法细化相关内容,明确相应的教育惩戒措施,进一步推动学校依法治校进程,经校长办公会议审议通过后,于 2021 年 3 月 31 日前报主管教育行政部门备案后公布实施 ①。"

笔者认为,石家庄市教育局反应迅捷,要求明确,但如果只有通知要求而无具体细致的指导,则其辖区内大部分中小学校恐怕是难以在规定期限内完成校规校纪的制定或修订工作的。

# 第二节　加大支持

正如教育部政策法规司负责人指出的那样,教育行政部门要作为学校、教师依法履行教育惩戒职责的坚强后盾。为做好这个"坚强后盾",教育行政部门就必须坚持公平公正的理念,用法治思维与法治方式协调处理因教育惩戒引发的纠纷,用责任与担当维护学校、教师合法权益,既要办人民满意的教育,为学生与家长伸张正义,也要做学校与教师的法治守护神,以实际行动加大对《规则》健康运行的支持力度。

## 一、调处因教育惩戒引发的纠纷

《规则》第十六条第二款规定:"家长对教师实施的教育惩戒有异议或者认为教师行为违反本规则第十二条规定的,可以向学校或者主管教育行政部门投诉、举报。学校、教育行政部门应当按照师德师风建设管理的有关要求,及时予以调查、处理。"

为确保教育惩戒在法治轨道上健康运行,《规则》赋予了家长特定情形下的投诉与举报权,赋予了学生或者家长特定情形下的申诉权、申请复核权、申请行政复议或者提起行政诉讼权,笔者在第六章当中对赋予学生或者家长救济权的价值等进行了专门的阐述。在此,笔者拟对教育行政部门应如何作为进行进一步分析。

根据《规则》的规定,如家长对教师实施的教育惩戒有异议,或者认为教师的教育管理、教育惩戒行为触碰了"法定红线",就有权向学校或者主管教育行政部门投诉、举报。《规则》对可以受理投诉、举报的教育行政部门的范畴进行了界定,即"主管教育行政部门",也就是涉事学校

---

① 石家庄市教育局思想政治教育处 . 石家庄市教育局关于贯彻落实《中小学教育惩戒规则（试行）》的通知 [ER/OL].http：//sjzjyj.sjz.gov.cn/a/2021/03/10/1615338541743.html 2021-3-10/2021-8-1.

的直接主管教育行政部门,家长无权也不应该越级进行投诉、举报。

笔者认为,尽管《规则》规定了家长可向学校行使投诉与举报权,但部分学校在处理类似纠纷的时候往往会出现力不从心的尴尬状况,因此其主管教育行政部门应根据学校的请求加强指导,尽可能将纠纷解决在初始阶段与萌芽状态。此外,也可能出现家长既向学校投诉与举报也同时向主管教育行政部门进行投诉与举报的情况,则学校不宜再自行处理,应由主管教育行政部门统一处理为宜,以免出现互相矛盾的处理结果。

主管教育行政部门处理或指导学校对教师的投诉与举报,其基本依据是师德师风建设管理的基本要求以及《规则》的明确规定,坚持运用法治思维与法治方式,在查清事实的基础上做出公平公正的处理决定。

在实践当中,家长的投诉与举报往往辅之以媒体(含自媒体)的介入,在舆情发酵的情况下主管教育行政部门还能否坚持公平公正处理纠纷,考验着主管教育行政部门领导班子的执政能力与执政伦理。以事实为根据,以制度为准绳,既欢迎媒体监督,又不屈从其压力,应成为主管教育行政部门处理类似纠纷的基本态度。

## 二、依法保护教师人身安全

《规则》第十六条第二款规定:"家长威胁、侮辱、伤害教师的,学校、教育行政部门应当依法保护教师人身安全、维护教师合法权益;情形严重的,应当及时向公安机关报告并配合公安机关、司法机关追究责任。"

其实,上述规定与教育行政部门应及时调查处理家长对教师的投诉是《规则》第十六条第二款的完整内容,体现了教育行政部门对教师师德师风问题的从严要求,也体现对教师的关爱与保护,既不允许教师借教育惩戒之名行侵害学生权利之实,又不允许家长以教师不当行使教育惩戒为由威胁、侮辱与伤害教师,为广大教师与学校依法正当行使教育惩戒砌起一堵法治保护墙。

第一,勇于为教师撑腰与发声。

在实践中,家长无缘无故威胁、侮辱和伤害教师的情形十分罕见,往往是在认为自己的孩子受到了教师不公对待而又投诉未果的情形下发生的。因此,学校和教育行政部门对教师最好的保护方式就是在第一时间公正高效地将家长投诉或举报的事项调处好,大大降低涉事教师受家长伤害的概率。

就实施教育惩戒而言,教师的行为属于职务行为,哪怕要因不当教育惩戒承担法律责任,学校一般情形下也应是责任承担主体。当然,学校在承担责任之后,可向存在主观故意或重大过失的教师追偿。因此,学校不要轻易将涉事教师推向与家长"斗争"的最前线,不要动辄要求教师"自己惹的祸自己解决",部分家长一旦发现学校腰杆不硬或者没有担当,极容易将伤害的矛头对准手无寸铁且惊慌失措的教师。当然,教育行政部门更不要轻易将涉事学校与教师推向与家长"斗争"的最前线,对于学校与教师等相对"弱势群体"的求助,都应伸出援助之手,勇于直面矛盾,依法依规做好家长的沟通与协调工作。

更为重要的是,家长对教师的威胁、侮辱与伤害事件一旦发生并且在客观上威胁到教师人身安全或者损害到教师其他合法权益,如未达到追究家长行政责任或刑事责任的程度,学校与教育行政部门也要勇于为教师撑腰与发声。比如说家长通过自媒体等渠道威胁教师,或者对教师存在极其轻微的伤害行为,法律素养普遍不高的教师对此都会束手无策,其压抑愤怒或痛苦可想而知,此时学校与教育行政部门切不可袖手旁观,应通过官方媒体权威发声或支持教师依法维权等方式,做教师的坚强后盾与贴心的娘家人!

第二,积极请求司法机关追责。

我国《教师法》第三十五条规定:"侮辱、殴打教师的,根据不同情况,分别给予行政处分或者行政处罚;造成损害的,责令赔偿损失;情节严重,构成犯罪的,依法追究刑事责任。"

因此,任何人对于教师的"侮辱、殴打"行为都属于违法行为,都应当承担法律责任。对于教育行政部门而言,在教师人身安全和合法权益受到家长侵害的情况下,如"情形严重的,应当及时向公安机关报告并配合公安机关、司法机关追究责任"。笔者认为,《规则》中的"情形严重"与《教师法》中的"情节严重"并非同一概念,"情形严重"既包括可给予家长行政处罚的情形,也包括可追究家长刑事责任的情形。

我国《治安管理处罚法》第四十二条对"威胁、侮辱"等侵权行为的法律责任进行了明确的规定:

有下列行为之一的,处五日以下拘留或者五百元以下罚款;情节较重的,处五日以上十日以下拘留,可以并处五百元以下罚款:

（一）写恐吓信或者以其他方法威胁他人人身安全的；

（二）公然侮辱他人或者捏造事实诽谤他人的；

（三）捏造事实诬告陷害他人，企图使他人受到刑事追究或者受到治安管理处罚的；

（四）对证人及其近亲属进行威胁、侮辱、殴打或者打击报复的；

（五）多次发送淫秽、侮辱、恐吓或者其他信息，干扰他人正常生活的；

（六）偷窥、偷拍、窃听、散布他人隐私的。

此外，我国《治安管理处罚法》第四十三条对"殴打、故意伤害"等侵权行为的法律责任进行了明确的规定：

殴打他人的，或者故意伤害他人身体的，处五日以上十日以下拘留，并处二百元以上五百元以下罚款；情节较轻的，处五日以下拘留或者五百元以下罚款。有下列情形之一的，处十日以上十五日以下拘留，并处五百元以上一千元以下罚款：

（一）结伙殴打、伤害他人的；

（二）殴打、伤害残疾人、孕妇、不满十四周岁的人或者六十周岁以上的人的；

（三）多次殴打、伤害他人或者一次殴打、伤害多人的。

因此，包括家长在内的任何人，对教师存在上述"威胁、侮辱"或者"殴打、故意伤害"行为，学校、教育行政部门都应当及时向公安机关报告并配合公安机关追究该家长的行政责任，要求公安机关依法处理。对教师造成损害的，应请求公安机关责令其赔偿损失，全力维护教师合法权益与师道尊严。在实践中某些教师被侮辱或殴打的案例中，教育行政部门的迅速介入与及时报警，是案件得以公正处理的重要因素。

【案例】2018 年 6 月 11 日上午 11 时 28 分，安徽蚌埠某小学一年级某班（班级群），家长王某（女）在群里询问张老师是否发放了语文试卷。中午 1 时 57 分，没有等到老师回复的王某连续几句破口大骂，该群另一位老师看到了王某的辱骂，便解释道："你这个时候问，老师有可能在做饭，也有可能在做别的事。老师也是人，不可能一直拿着手机。"王某回道："等下就去学校，问问到底什么意思。"没多久，王某来到学校办公室，直接撕扯张老师的衣服，并扇了张老师一巴掌。事发后，无比委屈的张老师在同事群讲述了自己的遭遇。五河县教育局第一时间介入并报警，然后交由公安机关依法处理。6 月 13 日上午，安徽五河县警方通报处理结果：王某因为侮辱和殴打他人，被合并执行行政拘留 10 日 ①。

　　在上述案例中，家长王某因侮辱和殴打教师，最终得到的是法律应有的惩罚。如果家长对教师的侵权行为达到我国《刑法》与《教师法》规定的"情节严重"程度，则其行为可能涉嫌犯罪而被追究刑事责任。此种情形下，学校、教育行政部门更应当及时向公安机关报告并配合公安机关、司法机关追究其刑事责任。这种"配合"是教育行政部门的法定责任，当然也是道义责任，并非对司法机关独立办案的非法干预或不当干预。

　　在此，涉案家长极容易涉嫌的两大罪名为"侮辱罪"与"故意伤害罪"，根据我国《刑法》第二百四十六条之规定：所谓侮辱罪，是指使用暴力或者以其他方法，公然贬损他人人格，破坏他人名誉，情节严重的行为。犯该罪的，处三年以下有期徒刑、拘役、管制或者剥夺政治权利。根据我国《刑法》第二百三十四条之规定，所谓故意伤害罪，是指故意非法损害他人身体健康，情节严重的行为。犯该罪的，致人轻伤的，处三年以下有期徒刑、拘役或者管制；致人重伤的，处三年以上十年以下有期徒刑；致人死亡或者以特别残忍手段致人重伤造成严重残疾的，处十年以上有期徒刑、无期徒刑或者死刑。

# 第三节　加强监管

　　加强对学校在教育惩戒方面的监管，确保学校教育惩戒制度完备以及教育惩戒行为合规，是主管教育部门的重要职责之一。《规则》明确了主管教育部门三个方面的监管职能，即对校规校纪以及惩戒信息的备案、对教育惩戒决定的复核以及关于教育惩戒行政复议与行政诉讼案件的办理。

### 一、建立备案审查机制

　　《规则》第五条第二款规定："校规校纪应当提交家长委员会、教职

---

① 崔鹏，杨翘楚．气愤！安徽一老师没回班群消息，遭家长怒骂殴打：我想打谁就打谁！人民日报官方公众号 [DB/OL].https: //mp.weixin.qq.com/s/OJhpce-rSSKBAqfZIsWfZQ　2018-6-15/2021-8-1.

工代表大会讨论,经校长办公会议审议通过后施行,并报主管教育部门备案。"第十九条第二款规定:"每学期末,学校应当将学生受到本规则第十条所列教育惩戒和纪律处分的信息报主管教育行政部门备案。"

笔者认为,无论是对于学校还是主管教育部门,"备案"都属于平时接触不多的新生事物,故有必要对"备案"的概念与法源做一个简要介绍。所谓备案,是指向主管机关报告事由存案以备查考的制度,我国《立法法》与《法规规章备案条例》对备案做了明确规定。根据《法规规章备案条例》的规定,备案登记是备案审查制度的基础性环节,在备案登记阶段应对报备文件的报备时限、报备格式、制定主体、制定程序等进行审查,对符合登记要求的予以登记,对不符合登记要求的,视不同情况予以不同处理。

参照《法规规章备案条例》的上述规定,可从以下几个方面构建主管教育部门的备案审查机制。

第一,报备对象:为学校关于教育惩戒方面的校规校纪以及学校依据《规则》第十条之规定对学生做出的教育惩戒和纪律处分信息。

第二,报备时限:主管教育部门可规定学校在指定的期限内或者在校规校纪出台后多少日内进行报备,至于应报备的教育惩戒与纪律处分信息的报备时限《规则》已有规定,即"每学期末"。

第三,审查内容:应以形式审查为准,主要看学校报送的报备对象是否符合法定格式,当然对其内容的审查也不可忽视,对于明显不合法或者违背公序良俗的校规校纪与决定要以适当的方式责令学校按照一定程序予以自行纠正。

在此要特别注意的是,主管教育部门自行撤销或纠正学校校规校纪等并无合法性依据,也无合理性依据。备案的目的是督促学校依法制定校规校纪,以及统筹推进教育惩戒的有序开展。

第四,责任追究:对于拒不履行或者不适当履行备案责任的学校领导,要追究其不作为的责任。当然这种责任并非行政处罚,而是内部的行政处分。主管教育部门在制定备案审查制度时对此要有充分的考虑,如果不对学校校长施加一定的责任压力,则备案制度将可能形同虚设。

## 二、依法搞好复核工作

根据《规则》的规定,学生及其家长对学校实施的严重教育惩戒或者给予的纪律处分不服的,可以在法定期限内向学校提起申诉;学校成立的学生申诉委员会应当对学生申诉的事实、理由等进行全面审查,做出维持、变更或者撤销原教育惩戒或者纪律处分的决定;学生及其家长对申诉处理决定不服的,可以向学校主管教育部门申请复核。

从上述规定可以看出,主管教育部门已经具备了居中裁判的准司法功能,因此主管教育部门应当建章立制,并抽调精兵强将,将《规则》赋予的职责行使好。笔者在第六章对该问题已有详细论述,在此不拟赘述。

### 三、办好行政复议与行政诉讼案件

根据《规则》规定,学生或者家长对学校主管教育部门做出的复核决定不服的,可以依法提起行政复议或者行政诉讼。

从上述规定可以看出,学校主管教育部门做出的复核决定,是具有可诉性的行政行为,学生或者家长可依据我国《行政复议法》的规定提起行政复议,对行政复议决定不服的,可依据我国《行政诉讼法》的规定提起行政诉讼;或者不经过行政复议程序直接提起行政诉讼。尽管在今后的实践中,可以预料的是,类似的行政复议案件与行政诉讼案件不会太多,但主管教育部门不可对此掉以轻心,在政府法律顾问的协助下,一方面要切实提升复核决定的质量,做到事实清楚依据充分,另一方面要积极应诉,努力办好每一件因教育惩戒问题引发的行政复议和行政诉讼案件,回应广大群众对教育惩戒问题的高度关切。

# 第四节　考核评价

根据教育部政策法规司的要求,主管教育部门要运用好考核评价的指挥棒,将学校是否在管理学生、实施教育惩戒的过程中贯彻了法治原则、依法履职等情况等纳入学校考核内容,以此促进学校依法治校与依法办学。

### 一、考核的主要方面

笔者认为,可以将上述考核内容细化成如下几个方面,并且按照其重要程度等量化成不同的分数,最终对学校的教育惩戒工作之成效做出公正客观的评价。

第一,考核学校的校规校纪的制定与备案等情况。

可考核校规校纪是否已经制定、是否存在合法性问题、制定的程序是否合法合规、是否已经备案、是否向学生与家长进行了宣讲、实施效果如何等。

第二,考核学校相关组织机构的建立等情况。

可考核学校是否建立了校规校纪执行委员会、校规校纪执行委员会是否具有广泛的代表性等。

根据《规则》第六条第二款规定:"学校可以根据情况建立校规校纪执行委员会等组织机构,吸收教师、学生及家长、社会有关方面代表参加,负责确定可适用的教育惩戒措施,监督教育惩戒的实施,开展相关宣传教育等。"由此可见,成立校规校纪执行委员会并非中小学校必须建立的组织机构,但建议有条件的学校都要建立类似机构,且让该机构具有广泛代表性,要吸收教师、学生及家长、社会有关方面代表参加。笔者认为,校规校纪执行委员会作为学校的常设"法治机构",要尽量创设条件吸收法律顾问参加,以切实履行好"确定可适用的教育惩戒措施,监督教育惩戒的实施,开展相关宣传教育"等三大职责[1]。

除考核校规校纪执行委员会的建立外,更要考核学校在成立学生申诉委员会方面的情况。《规则》第十七条第二款、第三款规定:"学校应当成立由学校相关负责人、教师、学生以及家长、法治副校长等校外有关方面代表组成的学生申诉委员会,受理申诉申请,组织复查。学校应当明确学生申诉委员会的人员构成、受理范围及处理程序等并向学生及家长公布。学生申诉委员会应当对学生申诉的事实、理由等进行全面审查,做出维持、变更或者撤销原教育惩戒或者纪律处分的决定。"因此,学生申诉委员会是否成立以及其成立是否合法要成为考核的重要内容,还要考核该委员会依法履职的能力以及实际履职情况。从某种意义上讲,对于没有在主管教育部门指定的期限内成立学生申诉委员会的中小学校,在年终法治考核时应予以一票否决。

---

[1]　中华人民共和国教育部政策法规司.让教育惩戒有尺度、有温度——教育部政策法规司负责人就《中小学教育惩戒规则(试行)》答记者问.载于中华人民共和国中央人民政府网[ER/OL].http: //www.gov.cn/zhengce/2020-12/29/content_5574652.htm 2020-12-29/2021-8-1.

第三,考核学校教育惩戒的开展情况。

可考核教师与学校开展教育惩戒的合法性、实施范围与实施效果、投诉与举报情况、学校调处纠纷的情况等。

第四,考核学校宣教培训等工作的开展情况。

可考核学校是否对学生与家长进行了宣传教育、家校协作情况等。

可考核学校是否对教师进行了相关培训。《规则》第十九条规定:"学校应当有针对性地加强对教师的培训,促进教师更新教育理念、改进教育方式方法,提高教师正确履行职责的意识与能力。"

诚如前文所述,教师惩戒权作为法治轨道上的技术活,考验着教师与学校的惩戒能力与惩戒艺术。从某种意义上说,教育惩戒有效实施并产生积极效果是一条极其复杂的循环因果链。在该链条上,教师的教育惩戒能力可视为循环的起点,也是决定循环因果链性质的关键之所在[①]。尽管学校德育工作负责人、主管副校长、校长乃至主管教育部门的相关领导,都在该链条上扮演者重要的角色,但教育系统的领导几乎都来自最基层的教师队伍。因此,加强教师培训,更新教师观念,提高教师能力,就成为促进教育惩戒健康发展的不二法门。

《规则》强调的学校应加强对教师的"针对性"培训,这种针对性主要指教育惩戒的道德规则与技术规则。

教育惩戒的道德规则,是教师师德师风的重要体现,是教师乃至学校实施教育惩戒所应当遵循的道德要求。这种道德要求,深深地根植于教育工作者对教育惩戒理性的思考和审视,其最终目标在于确保教育惩戒在实践中不偏离其合理性与正当性。在传统的学生观和教学观的影响下,长期以来,部分教师对教育惩戒所遵循的道德规则其实并没有形成清晰与合理的认知。正如笔者在上文中多次指出的那样,部分教师将惩戒等同于惩罚,"以惩代教、一罚了事",导致惩、教分离;也有的教师把惩戒作为对学生宣泄愤怒的方式,忽视了教育惩戒的根本出发点是培养学生的规则意识与责任意识,是促进学生的全面发展和进步,从而在根本上忽视了教育惩戒的教育性和道德性[②]。这些违背教育惩戒道德规则的行为加剧了家长和社会对教师教育惩戒行为的不认同性,进而加速

---

① 白雅娟,李峰.教师惩戒权的流失与救赎[J].教育探索,2016,4(4):144-148.

② 白雅娟,李峰.教师惩戒权的流失与救赎[J].教育探索,2016,4(4):144-148.

了教师惩戒权的流失。今年上半年,笔者对长沙市十余所中小学校进行了教育部《新时代中小学教师职业行为十项准则》的解读培训,其中就包括将师德师风建设与如何开展教育惩戒进行有机结合的内容。

教育惩戒除了要合乎惩戒正当性的道德规则外,教师还需要借助技术规则使教育惩戒在现实中得到有效实施。笔者注意到,教师在大学阶段以及职前教育培训中普遍缺乏教育惩戒技术规则的教育与培训,导致其在入职后的教育实践中仅靠盲目仿效和摸索来实施教育惩戒,严重影响了教育惩戒的效果。总之,"怎样实施教育惩戒"是一个相当严肃的问题。不掌握一定的技术就进行惩戒,往往容易突破伦理限制,甚至突破法律的限制,会对学生的发展造成一定程度的危害。提升教师的惩戒能力应该引导其在职前和职后教育中注重惩戒道德规则和技术规则的学习[①]。

## 二、考核的评价与运用

考核不是目的,关键在于评价与运用。要大张旗鼓地表彰先进与鞭策后进。要每年度评选出在管理学生、实施教育惩戒中能贯彻法治原则并能依法履职的先进学校,对表现突出、法治能力强的学校校长要破格启用,对排名长期靠后且无正当理由的学校要通报批评,对故意不作为、乱作为的学校领导可进行诫勉谈话或给予其他处分。从某种角度上看,教育惩戒就像一面具有魔法的镜子,学校领导是否善于运用法治思维和法治方式来管理学校以及推进教育惩戒等,都能立竿见影一照便知!

---

① 白雅娟,李峰.教师惩戒权的流失与救赎[J].教育探索,2016,4(4):144-148.

# 附录1　中小学教育惩戒规则（试行）

第一条　为落实立德树人根本任务，保障和规范学校、教师依法履行教育教学和管理职责，保护学生合法权益，促进学生健康成长、全面发展，根据教育法、教师法、未成年人保护法、预防未成年人犯罪法等法律法规和国家有关规定，制定本规则。

第二条　普通中小学校、中等职业学校（以下称学校）及其教师在教育教学和管理过程中对学生实施教育惩戒，适用本规则。

本规则所称教育惩戒，是指学校、教师基于教育目的，对违规违纪学生进行管理、训导或者以规定方式予以矫治，促使学生引以为戒、认识和改正错误的教育行为。

第三条　学校、教师应当遵循教育规律，依法履行职责，通过积极管教和教育惩戒的实施，及时纠正学生错误言行，培养学生的规则意识、责任意识。

教育行政部门应当支持、指导、监督学校及其教师依法依规实施教育惩戒。

第四条　实施教育惩戒应当符合教育规律，注重育人效果；遵循法治原则，做到客观公正；选择适当措施，与学生过错程度相适应。

第五条　学校应当结合本校学生特点，依法制定、完善校规校纪，明确学生行为规范，健全实施教育惩戒的具体情形和规则。

学校制定校规校纪，应当广泛征求教职工、学生和学生父母或者其他监护人（以下称家长）的意见；有条件的，可以组织有学生、家长及有关方面代表参加的听证。校规校纪应当提交家长委员会、教职工代表大会讨论，经校长办公会议审议通过后施行，并报主管教育部门备案。

教师可以组织学生、家长以民主讨论形式共同制定班规或者班级公约，报学校备案后施行。

第六条　学校应当利用入学教育、班会以及其他适当方式，向学生和家长宣传讲解校规校纪。未经公布的校规校纪不得施行。

学校可以根据情况建立校规校纪执行委员会等组织机构,吸收教师、学生及家长、社会有关方面代表参加,负责确定可适用的教育惩戒措施,监督教育惩戒的实施,开展相关宣传教育等。

第七条 学生有下列情形之一,学校及其教师应当予以制止并进行批评教育,确有必要的,可以实施教育惩戒:

(一)故意不完成教学任务要求或者不服从教育、管理的;

(二)扰乱课堂秩序、学校教育教学秩序的;

(三)吸烟、饮酒,或者言行失范违反学生守则的;

(四)实施有害自己或者他人身心健康的危险行为的;

(五)打骂同学、老师,欺凌同学或者侵害他人合法权益的;

(六)其他违反校规校纪的行为。

学生实施属于预防未成年人犯罪法规定的不良行为或者严重不良行为的,学校、教师应当予以制止并实施教育惩戒,加强管教;构成违法犯罪的,依法移送公安机关处理。

第八条 教师在课堂教学、日常管理中,对违规违纪情节较为轻微的学生,可以当场实施以下教育惩戒:

(一)点名批评;

(二)责令赔礼道歉、做口头或者书面检讨;

(三)适当增加额外的教学或者班级公益服务任务;

(四)一节课堂教学时间内的教室内站立;

(五)课后教导;

(六)学校校规校纪或者班规、班级公约规定的其他适当措施。

教师对学生实施前款措施后,可以以适当方式告知学生家长。

第九条 学生违反校规校纪,情节较重或者经当场教育惩戒拒不改正的,学校可以实施以下教育惩戒,并应当及时告知家长:

(一)由学校德育工作负责人予以训导;

(二)承担校内公益服务任务;

(三)安排接受专门的校规校纪、行为规则教育;

(四)暂停或者限制学生参加游览、校外集体活动以及其他外出集体活动;

(五)学校校规校纪规定的其他适当措施。

第十条 小学高年级、初中和高中阶段的学生违规违纪情节严重或者影响恶劣的,学校可以实施以下教育惩戒,并应当事先告知家长:

（一）给予不超过一周的停课或者停学，要求家长在家进行教育、管教；

（二）由法治副校长或者法治辅导员予以训诫；

（三）安排专门的课程或者教育场所，由社会工作者或者其他专业人员进行心理辅导、行为干预。

对违规违纪情节严重，或者经多次教育惩戒仍不改正的学生，学校可以给予警告、严重警告、记过或者留校察看的纪律处分。对高中阶段学生，还可以给予开除学籍的纪律处分。

对有严重不良行为的学生，学校可以按照法定程序，配合家长、有关部门将其转入专门学校教育矫治。

第十一条　学生扰乱课堂或者教育教学秩序，影响他人或者可能对自己及他人造成伤害的，教师可以采取必要措施，将学生带离教室或者教学现场，并予以教育管理。

教师、学校发现学生携带、使用违规物品或者行为具有危险性的，应当采取必要措施予以制止；发现学生藏匿违法、危险物品的，应当责令学生交出并可以对可能藏匿物品的课桌、储物柜等进行检查。

教师、学校对学生的违规物品可以予以暂扣并妥善保管，在适当时候交还学生家长；属于违法、危险物品的，应当及时报告公安机关、应急管理部门等有关部门依法处理。

第十二条　教师在教育教学管理、实施教育惩戒过程中，不得有下列行为：

（一）以击打、刺扎等方式直接造成身体痛苦的体罚；

（二）超过正常限度的罚站、反复抄写，强制做不适的动作或者姿势，以及刻意孤立等间接伤害身体、心理的变相体罚；

（三）辱骂或者以歧视性、侮辱性的言行侵犯学生人格尊严；

（四）因个人或者少数人违规违纪行为而惩罚全体学生；

（五）因学业成绩而教育惩戒学生；

（六）因个人情绪、好恶实施或者选择性实施教育惩戒；

（七）指派学生对其他学生实施教育惩戒；

（八）其他侵害学生权利的。

第十三条　教师对学生实施教育惩戒后，应当注重与学生的沟通和帮扶，对改正错误的学生及时予以表扬、鼓励。

学校可以根据实际和需要，建立学生教育保护辅导工作机制，由学校分管负责、德育工作机构负责人、教师以及法治副校长（辅导员）、法律以及心理、社会工作等方面的专业人员组成辅导小组，对有需要的学生进行专门的心理辅导、行为矫治。

第十四条　学校拟对学生实施本规则第十条所列教育惩戒和纪律处分的，应当听取学生的陈述和申辩。学生或者家长申请听证的，学校应当组织听证。

学生受到教育惩戒或者纪律处分后，能够诚恳认错、积极改正的，可以提前解除教育惩戒或者纪律处分。

第十五条　学校应当支持、监督教师正当履行职务。教师因实施教育惩戒与学生及其家长发生纠纷，学校应当及时进行处理，教师无过错的，不得因教师实施教育惩戒而给予其处分或者其他不利处理。

教师违反本规则第十二条，情节轻微的，学校应当予以批评教育；情节严重的，应当暂停履行职责或者依法依规给予处分；给学生身心造成伤害，构成违法犯罪的，由公安机关依法处理。

第十六条　学校、教师应当重视家校协作，积极与家长沟通，使家长理解、支持和配合实施教育惩戒，形成合力。家长应当履行对子女的教育职责，尊重教师的教育权利，配合教师、学校对违规违纪学生进行管教。

家长对教师实施的教育惩戒有异议或者认为教师行为违反本规则第十二条规定的，可以向学校或者主管教育行政部门投诉、举报。学校、教育行政部门应当按照师德师风建设管理的有关要求，及时予以调查、处理。家长威胁、侮辱、伤害教师的，学校、教育行政部门应当依法保护教师人身安全、维护教师合法权益；情形严重的，应当及时向公安机关报告并配合公安机关、司法机关追究责任。

第十七条　学生及其家长对学校依据本规则第十条实施的教育惩戒或者给予的纪律处分不服的，可以在教育惩戒或者纪律处分作出后15个工作日内向学校提起申诉。

学校应当成立由学校相关负责人、教师、学生以及家长、法治副校长等校外有关方面代表组成的学生申诉委员会，受理申诉申请，组织复查。学校应当明确学生申诉委员会的人员构成、受理范围及处理程序等并向学生及家长公布。

学生申诉委员会应当对学生申诉的事实、理由等进行全面审查，作出维持、变更或者撤销原教育惩戒或者纪律处分的决定。

第十八条　学生或者家长对学生申诉处理决定不服的,可以向学校主管教育部门申请复核;对复核决定不服的,可以依法提起行政复议或者行政诉讼。

第十九条　学校应当有针对性地加强对教师的培训,促进教师更新教育理念、改进教育方式方法,提高教师正确履行职责的意识与能力。

每学期末,学校应当将学生受到本规则第十条所列教育惩戒和纪律处分的信息报主管教育行政部门备案。

第二十条　本规则自 2021 年 3 月 1 日起施行。

各地可以结合本地实际,制定本地方实施细则或者指导学校制定实施细则。

# 附录2　人民日报：用好教育惩戒这把"戒尺"

学生不服从管理、扰乱课堂秩序，甚至吸烟饮酒、欺凌同学，老师怎么管？前不久，《中小学教育惩戒规则（试行）》制定颁布，首次对教育惩戒的概念进行了定义，系统规定了教育惩戒的属性、适用范围以及实施的规则、程序、措施、要求。《规则》旨在将教育惩戒纳入法治轨道，破解长期以来困扰广大教师不敢管、不愿管、不会管学生的难题。

近年来，教育惩戒一直是社会关注、群众关切的教育热点问题。是否实施、如何实施，该遵循怎样的程序，引发的讨论日益增多；不少家长也心存纠结，既害怕孩子的不当行为得不到及时纠正，也担忧教育惩戒实施不慎不当，影响孩子的身心健康。为此，《规则》肯定了教育惩戒的必要性和正当性，明确教育惩戒是指"学校、教师基于教育目的，对违规违纪学生进行管理、训导或者以规定方式予以矫治，促使学生引以为戒、认识和改正错误的教育行为"。教育惩戒有了内容的限定性、规范的可操作性、程序的合法性，有利于教师拿好"戒尺"，让管与教、严与慈更好地融为一体。

科学实施教育惩戒，尺度与温度都不可少。教育惩戒理应既有尊重学生基本权利和人格尊严的关爱，也有教育学生遵守规则、增强自律、改过向上的严厉。每一位老师都要认真学好《规则》，谨记在什么情境下使用哪一种教育惩戒方式，在何种过错程度下适用相匹配的惩戒力度，客观公正、合法合规、适当适度，切不可随意化、个人化、情绪化。只有秉持关爱学生的宗旨，注重人文关怀，才能让教育惩戒沿着符合教育规律、注重育人效果的方向前行。

当然，会用、善用、用好教育惩戒，还需要多方努力。一方面，学校和广大教师要更新理念、提升能力，提高正确履行职责的意识与水平，将教育惩戒与积极管教有机结合。另一方面，学校应当支持、监督教师正当履行职务,切实承担起教师正常履职产生的纠纷和法律后果,维护教师合法权益,确保广大教师放下顾虑,能用敢用。此外,还要健全监督机制,明确教师不当实施管理行为所要承担的相应责任,避免滥用。更为重要的,是尽快营造一个理性健康的教育生态,建构家校之间、师生之间协同互助、理解尊重的关系和氛围。

　　教育惩戒是教育领域的一个小切口,却关系人才培养的大战略。我们期待,随着《中小学教育惩戒规则(试行)》的颁布实施,新时代教育法治建设的脚步更加稳健,广大公众对于教育的理解越来越科学深入,教育生态的建构更加理性健康,最终促进学生的全面健康发展目标和教育管理手段之间的良性循环。

# 后　记

　　《教育惩戒的理解与适用》即将成书，兑现了在 2021 年 3 月教育部颁布《中小学校教育惩戒规则(试行)》后我要为学校与教师们写一本有关教育惩戒专著的承诺，也弥补了我多年来没有个人专著的遗憾。当然，自 3 月初开始写作，至 8 月底正式完稿，长达五个月的工作之余的逐字逐句的写作，可谓呕心沥血，殚精竭虑，但这是怎样一种劳累在其中更享受在其中的独特幸福体验呀！

　　回想一路走来，往事历历在目：1996 年，毕业于湖南师范大学历史系，回母校新邵一中教了两年高中，1998 年到湘潭大学攻读法学硕士学位，2001 年毕业后分配到长沙市委党校担任法律教员，同时在律所兼任律师，就这样既做党校教师又做兼职律师，一干就是 20 年！因此，我常常自诩是世界上最幸福的人。一方面躬耕于党校的三尺讲台，并像蜜蜂般奔波于各单位进行法治宣讲，另一方面为当事人鼓与呼，尽最大努力追求公平正义。不能忘，2003 年与 2013 年，分获湖南省委党校系统第五届与第十届教学比赛一等奖；2006 年，获湖南首届律师辩论大赛一等奖；2015 年，获"长沙市十大最具影响力法治人物"提名奖。

　　但是，我做梦都没有想到，已过不惑之年且小有成就时，居然还有新的更大的精彩在前头向我招手！因在 2018 年上半年与长沙市雨花区砂子塘小学校长祝健群的一次偶遇与长谈，我成为该校最早单独签约的常年法律顾问，后来枫树山小学、泰禹小学、一师一附小等都成为我的法律顾问单位，我也为此组建了湖南天地人律师事务所中小学法律服务团队。三年来，已有近 30 家中小学校与幼儿园与我们律所签约，我们团队已成为三湘四水首屈一指的专门从事中小学校教育法律服务的优秀律师团队！

　　在服务过程中，一次又一次的教师培训，一次又一次的纠纷解决，让我们更加深切地认识到，提升广大师生尤其是教师的法律素养有多么重要与迫切！面对教育部颁布的惩戒规则，由于缺乏起码的法律素养与法律技术,广大教师普遍持观望与迟疑态度,不敢用不善用成为常态,人民日报"用好教育惩戒这把'戒尺'"的呼吁也迟迟得不到回应。此时此刻,我必须勇敢站出来,运用我的科研优势、实践经验以及深厚的教育情怀,对教育惩戒规则这门法治轨道上的技术活加以认真剖析,帮助广大教师乃至家长正确理解与适用惩戒规则。但愿,我的努力与付出,能得到广大校长、教师以及家长的肯定,能对中小学教育惩戒工作的健康发展有所帮助!

2021年,正好是我从事法学研究、培训以及律师服务工作整整20年,这本凝聚了我多年教学、研究与法律服务经验的小册子,正好为自己20年的勤奋工作做一个小结,我将以此为起点,开启为教育为教师法律服务的新征程!

此时此刻,还有太多的感谢想在此表达:感谢长沙市委党校、湖南天地人律师事务所为我搭建的事业平台,感谢研究生导师杨翔老师一直以来的肯定与关爱,感谢曾秀伟、余铭娜、孙标良、伍亚洲、宁旭春、李婉秋等团队律师的大力协助,感谢雨花区教育局与有关学校的肯定与厚爱,感谢亲爱的校长们与老师们,感谢我的家人们朋友们,感谢九州出版社的支持!

伍贤华
2021年9月1日于长沙